●●●●◐◑○

单读+

喜剧的秘密：
从脱口秀说起

THE SECRET TO
COMEDY,
STARTING WITH STAND-UP

喜剧的秘密 ——从 门

THE SECRET TO
COMEDY,
STARTING WITH STAND-UP

悦 说起
己 喜剧

李诞 〔序〕	贾行家 〔序〕	002
001		访问飞鸟
	东东枪 〔序〕	喜剧的 006
		"所以然"

010 脱口秀不是 ~~TALK SHOW~~

020 脱口秀可能是什么

程璐
022
你不能假装房间里没有一只大象

王建国
044
世界上另一杯最凉最凉的凉啤酒

庞博
所有的事都是对的 068

CONTENT

呼兰 　　就该
090 　　这么幸运

周奇墨 　　大声
131 　　说出无力感

梁海源 　　脱口秀是探索
153 　　自我的工具

王勉 　　父
162 　　与子

......　　　　......

阎鹤祥 ✕ **贾枪** 　　相声的罪，
174 　　脱口秀可以少遭

HOUSE ✕ **周轶君** 　　笑
195 　　是个挺高级的事

颜怡颜悦 ✕ **路内** 　　脱口秀的终点
201 　　是写作吗

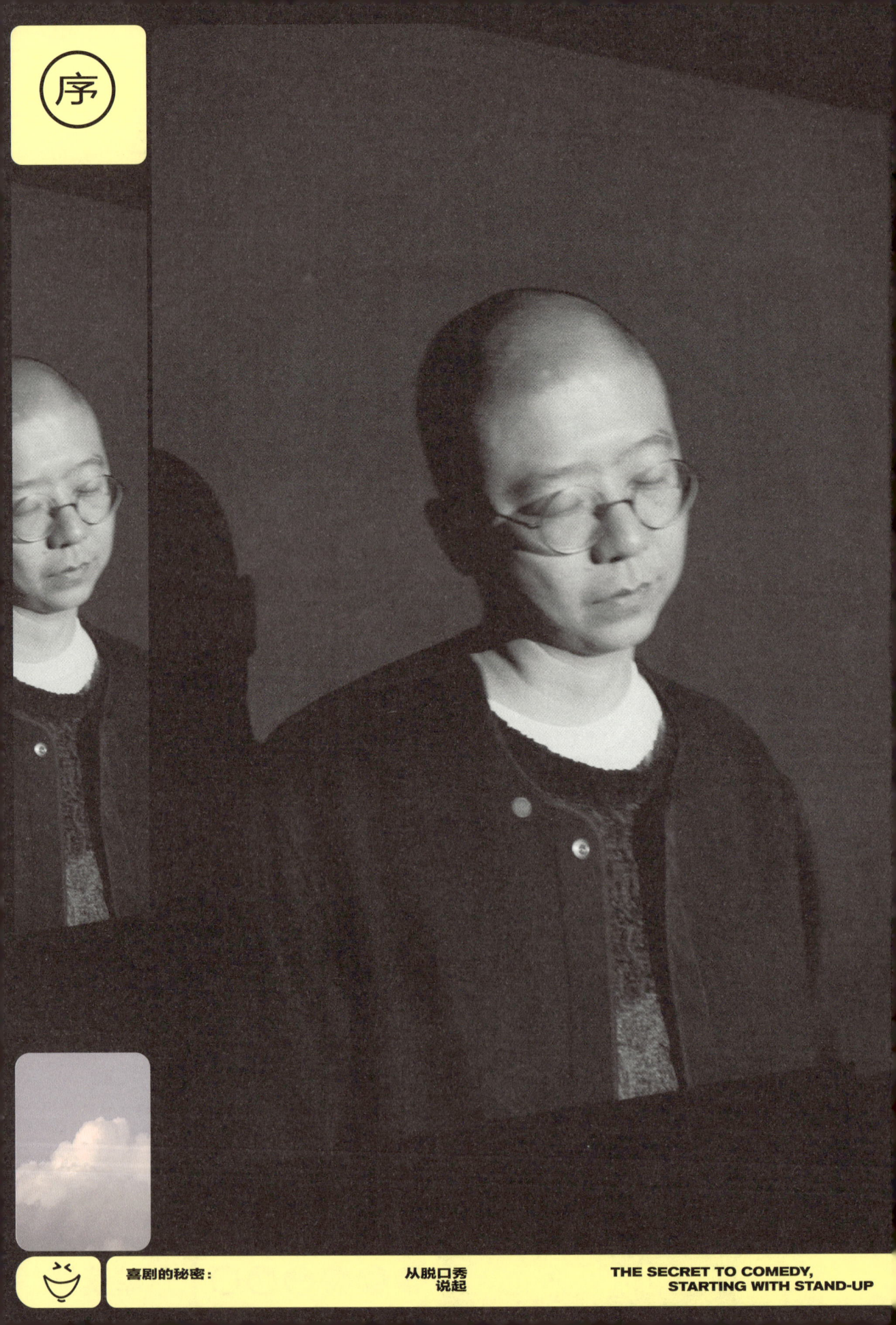

序

喜剧的秘密： 从脱口秀说起　THE SECRET TO COMEDY, STARTING WITH STAND-UP

喜剧的秘密

撰文 李诞

这个世界的秘密是敞开的。

你有天赋，又好学（好学是很大的一种天赋，是无天才之人的天才），秘密对你来说就是加速而已。不看，你早晚也能会。

这是我对我那本工作手册的态度，也是对这本书的态度。

故事早就被讲完了，变的是讲述的方法。脱口秀自然是一种讲述的方法，讲述老百姓自己的故事。

人对信息的需求是刚需，每个在马桶上因为忘带手机而阅读沐浴露成分表的人都不难理解这个道理。所以，阳光之下确无新事，我们也要把旧事看成新事。换种方法讲故事，就是新故事。

这个世界的秘密是敞开的，佛陀已经说过的话，求道之人还是要跑到杭州的山上，吃和尚一记闷棍，才觉得自己悟了——其实早就悟了。苏格拉底认为，知识是回忆。

说话滴水不漏是小聪明的一大特征，敢下断论的才是苏格拉底，或者我奶奶。

喜剧能有什么秘密？你早就懂得，却还要盯着这本成分表看上一看，觉得原来如此。

是呀，原来就是如此。

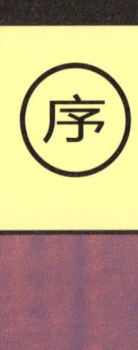

访问飞鸟

贾行家 撰文

喜剧的秘密：从脱口秀说起

THE SECRET TO COMEDY, STARTING WITH STAND-UP

贾行家
/
访问飞鸟

1 "你瞅啥？"

多少年过去了，我还是回答不上来。那个少年恶霸不只在寻衅，也为"凝视"这件事不安，我没有及时避开眼神，提醒了他心里的缺口。贫乏年代里的玩具只有愤怒，他因为敏感而回到了一种比动物本能恶劣的社会本能。多少年过去了，这些贫乏的、凄惨的少年人故事在银幕上有了那么点儿诗意。

观看先于语言，也先于态度，是不是我已经在无意中看了他很久，是不是眼神里真的有躲闪的敌意？他拳头大，他说了算。如今，我和他依旧只靠一点儿本能和几句学来的话活着，活得不值得一看。回想那天，他打完我一顿以后也不知道该干点儿什么，只好像一对刚谈恋爱的人那样沉默地分手。如果他是个更邪恶的人，或者是个成年人，可以审问我一个更棘手的问题——

"你笑啥？"

据说亚里士多德写过有关喜剧的书，传下来这本是伪书。我猜他可能没有写，因为写不成。我不知道悲剧是不是更伟大，很可能只是更容易分析，悲剧有收敛的意义，能把痛苦整理成可以思考的东西。而笑太散漫、太崎岖多义了，我们为浅薄的场面而笑，也为沉重的悲苦而笑。目睹比我们差的人，我们笑，看到好的也落到尴尬下场，我们接着笑。人类一思索，创造了悲剧，上帝就发笑，因为那悲剧不值得一看。

如果你想要为可笑的事定出一个等级来，也是件可笑的事。崇高和自以为崇高不一样，我几乎没见过经得住追问的崇高，倒是始终看到好笑的事。如果我们就是活在一个没有上下的世界，一个以颠倒为进步的年代，又凭什么来区分笑的高低？

"你笑啥？"

因为我还可以笑。

除了在无聊或癫狂里毁灭，除了在震怒之下一声叹息，除了若有所思的略深一些的无聊，我确实知道的，可以选择的，只剩下了正在笑这件事了。

老舍的《我这一辈子》的结尾是"我还（在）笑"，这可以作为一切故事的结尾。

2

脱口秀到底是不是喜剧，好像是个问题吧？

问题出在这个"剧"上，沿着这个方向聊，我们会为如何定义编写、扮演这一系列动作而烦恼。任何对脱口秀的严肃评论也都在为脱口秀演员提供讽刺素材，他们诚恳的，也是骄傲的标准只有一个：好笑。

你当然还可以细想这个"好"是个什么样的激发和连接，这个"笑"是个什么样的生成机制，然而，很可能重要的只是两个字连起来之后的，或者之间的什么东西。就像你没法问一只鸟该怎么飞，如果这鸟细想这件事，会从空中掉下来。

几个月里，我们在上海、北京两地，在做的是一件访问飞鸟的事：笑是什么，脱口秀是什么，不是什么，可以是什么⋯⋯他们面露困惑，越是认真，越是迟疑。

这种迟疑比任何回答都叫我感动。

也许东东枪、罗丹妮和我促成了一次对他们有点儿意思的自寻烦恼：像一只鸟考虑飞那样考虑脱口秀，为什么要站在舞台上，此时的他和观众的关系，到底是真的拉近了一些，还是在共同"退而求其次"。当然，这两种情况都不错。真希望他们回答完以后就把答案忘掉。

如果你在场，能感到这些回答的真诚，然而真诚与真实无关，真诚没有底，越向下看，越有让人不安的东西，聪明人知道停留在哪一层，该每次拿多少出来。由于受访者们对真诚的渴望，谈话进行得要比想象中的艰难；如果你在场，就知道现场说的和纸上看到的有不少出入，这是纸上文字的优点。比如呼兰又把他的谈话"叫回来"（call back），因为他在几个月之后有了不同的想法和说法。我问他旧的说法是不是删掉，他回答：也保留吧。他们想修订的内容大多是关于"意义"的，意义即超越性，从脱口秀里当然想不出什么明确的意义来。然而他们在认真地想着这件事。

这很感人。我看着建国热切地把一段乱七八糟缠绕在一起的事情用一塌糊涂的方式说出来，他明知道有更漂亮的说法，却极力去够那没有底的、有点儿危险的东西，心想这真是感人。

令我安慰的是这本书并不好笑，我们没有试图把它弄得好笑。如果你和脱口秀演员进行了一场好笑的对谈，很可能是因为没有任何交流效果。我目睹到他们想要在日常做到和台上一样，想要以真实为约束，想要在日益增多的"商务"里争取一点儿清醒，我不知道那是不是徒劳，我为能看到这些而荣幸。

迄今为止，脱口秀是件值得信赖的事。

3

就在日常场景之中，你也有机会穿透表面，遭遇到某种真相——那种强烈的震惊和明显的合理性让我们觉得它是真相，这被认为是一种恐怖的经验。

感谢我们自己，那也可以是一种笑的经验，社会的天赋是把恐惧、阴暗的"世界之夜"化为娱乐。据说笑所需要调动的面部表情是最少的，人一发笑，看起来彼此相似，结论是"众乐乐"，今天的话是"以欢乐达成共识"。

感谢我们每一个人。稍加努力，你就会看出人群是一个幻觉，我们在群体之中仍然是独自的个体。笑仍然是我们自发或自寻的，哪怕是坐在观众席里，我也可以吃吃地独自偷笑或者不参与哄笑，只要这笑话是花钱买来的，不是上司在酒桌上派发的。在以颠倒为进步的年头，这是一种安全的自为。

我读过本邪门的法国童话，其中有一则说：河狸巨大的阳具可以入药。猎人捉住河狸，常常把那话儿割掉就放了。时间长了，河狸观察出人要什么，已经被阉过的自以为安全，见了猎人不知道躲，常常是又被一枪放倒，虽然事后人也承认是误会。于是，河狸又增加了点儿经验，远远看到人，自觉地仰面朝天躺倒，摊开四肢，摆成大字，展示阉割的痕迹。等猎人检查完走了，它慢慢地翻身坐起来，心里难免有点儿羞愤。

那就再说个太监的故事吧。

明代党争涣散，文人做事不得要领，不得不一再表演悲壮，发泄完气节就草草收场。悲剧演到如此荒疏的地步就是喜剧了。后来，士大夫们干脆都老老实实地排好队去听宦官训话。据说宦官是品级越高的说话越粗野、越下流，有位钦差老公公总喜欢先质问：小猴崽子，你这顶乌纱帽是哪里来的？

一个文官回禀：是前儿在前门的某家裁缝店里花五分银子做的。那老公公噗嗤一乐，挥挥手说，滚你娘的蛋吧。此人事后解释：阉人没有中气，一笑，气就散了。同僚以为这真是高明，简直是一种消极抵抗。

也不知那宦官心里是不是也在哀告：你以为我好受吗？何苦呢，让我笑一笑吧。

我也是这么一个怂人，在网上匿名骂人实在是怂得太丢脸，就想：如果被疾言厉色地逼问"你笑啥？"，只好低声下气地讲个笑话，或者像小说和电影里的捷克人那样表演一个笑话了。

各位看官，有卵的，无卵的，大家散了吧。几百年就那么过去了，谁还记得那个太监的名字，那个文官的名字，谁又会记得你和我呢？

喜剧的"所以然"

东东枪 撰文

喜剧的秘密：从脱口秀说起

THE SECRET TO COMEDY, STARTING WITH STAND-UP

序

　　找一群喜剧创作者，认真地追问他们关于脱口秀的一大堆"为什么"，可能是一件不亚于平白无故非要口含电灯泡试试的蠢事。

　　一个人，频繁追问"为什么"本身可能就是衰老的表现。年轻时才不顾这些，忙活自己那点蓬勃、雀跃、肿胀尚且不暇。但对于一个行当来说，从不知其然，到略知道点儿其然，再到慢慢地知其所以然，是为自己正名乃至立命的必要步伐，少了哪个，都觉得不踏实。

　　我有幸见过一些很早（我猜是中国最早一批）就愿意投身到这个当时还不成为行当的行当里来的人，我总忘不了他们当年憧憬未来的语气和样子。

他们当中的一些人已经离开这个领域，甚至离开这个世界，但如他们当时所预料或不曾预料到的——十几年的时间，几代人的接力，中国有了自己的脱口秀，人、作品、舞台、观众、名利、生态……未必尽善尽美，但都有了。

中国的脱口秀，到了可以问问"所以然"的时候了吗？也许刚到。但也有可能，还为时尚早。

这一次，我奉命与贾行家、罗丹妮二位老师一起，充当起了这个可能有点讨厌的角色。表面上，我们只是与几位优秀的喜剧创作者、脱口秀演员随便聊了聊，有时在咖啡馆，有时在饭桌上，但实际上，我们背后的任务是尽量多从他们的口中探究出一些关于喜剧、关于脱口秀的"所以然"。

我们几个的作用，照我看，就像是所谓"药引子"，《西游记》里的"无根之水"、相声里的"铁甲将军"之属，为的就是激发乃至逼迫出那几位的最大药力，减少滴漏跑冒。为此，我们问了他们不少旁人可能不会问出的"傻问题"，从"是什么"，到"为什么"，甚至还间杂着一些"凭什么"与"图什么"。

我挺珍惜这个难得的机缘。因为这并非一般的"采访"，我们从一开始的着眼点就不是事实，而是认识。这些认识未必能去重、合并，变成一份可以回答所有问题的标准答案，因为这一行当里的共识目前看来仍然较少，否则也不必我们来做这次勘察。甚至，这些认识也未必是百分之百真诚、实在的，毕竟，很多"所以然"，连愿意被我们盘问的这几位自己也未必已经洞彻完全。之所以珍惜，是因为我相信这些记录是有价值的，尽管，其价值也许要等许多年后，由后来者解读。

每个时代有每个时代的喜剧，每个时代的喜剧都有其自己的一番"所以然"。把那些日常文书、庞杂经卷封藏进洞窟的人未必能知道敦煌二字对于后世的意义，上万年前在拉斯科的岩壁上绘出野兽与人形的原始人或许也只是记下伙伴们的日常战果，即便我们现在自作主张，归纳出一些看似答案的东西，那可能也与这些谈话背后真正的内涵与意义相去甚远，而那真正的"所以然"，未必是我们自己可以看透说破的，希望后来人能比我们看得更清楚些。但是，如果你们读到这些，只觉得"当年这些人怎么这么傻"，那也别得意，我猜，你们也聪明不到哪儿去。

这当然很可能是我的一厢情愿，是我为终于未能挖掘发现出一个明确且精美的结论而找到的借口。但我选择坚持这份一厢情愿，我愿意相信这些记录不只是为如今的你我所作，也是留给很多年后的人看的，可能包括很多年后的我们自己，也包括很多年后的不知道是谁的人。我愿意相信，在他们生活的年代，欢笑与幽默仍然为人们所热爱，好的作品与创作者仍然被尊重，那些筚路蓝缕以启山林的名字与故事、那些历史上的"所以然"，仍然为他们所好奇。

我愿意相信，在未来，在他们生活的那个时代，幽默仍然未被视作一种坏东西——把这看成我对他们的祝福，也是可以的。

脱口秀 * 脱口秀 * 脱口秀 * 脱口秀 *

不是 ✕ 不是 ✕ 不是 ✕ 不是 ✕ 不

不是
TALK SHOW

程璐 → 脱口秀三个字是音译的talk show。但我们现在说的脱口秀，英文其实是stand-up comedy，talk show一般是指访谈节目。大家会混淆主要是译名的问题，这两种形式本身很不一样。这段历史也很奇特，对于stand-up comedy应该翻译成什么，是脱口秀，还是站立喜剧，还是开口笑、立马逗，都有过一些争论。

海源 → 我觉得有可能是talk show本来翻译进来的时候就叫做脱口秀，但stand-up comedy进来的时候，发现没有什么名称，然后就蹭了一个名字。就连《今晚80后脱口秀》的英文标题也用了talk show，那时候还是一个非常混沌的局面。后来越来越多的人开始讲脱口秀，去回顾它的来历是什么，发现不太对得上，但大众的认知已经是那样了，很难再去重新普及一个新名词。我觉得既然现在大家已经完全接受了这个词，也没有必要再强行拧过来。脱口秀是很开放很随意很包容的，不用拘泥于一个名字，大家喜欢叫什么，叫得开心就好了。

秀

| 喜剧的秘密： | 从脱口秀说起 | THE SECRET TO COMEDY, STARTING WITH STAND-UP |

口秀 * 脱口秀 * 脱口秀 * 脱口

不是
TALK SHOW

no no no

011

脱口秀 * 脱口秀 * 脱口秀 * 脱口秀 *

不是 ✗ 不是 ✗ 不是 ✗ 不是 ✗ 不是

不是
(演讲)

喜剧的秘密： 从脱口秀说起

THE SECRET TO COMEDY,
STARTING WITH STAND-UP

口秀 * 脱口秀 * 脱口秀 *　　脱口

程璐 → 脱口秀和演讲的区别还挺大的，演讲可以表达很多东西，煽情、好笑、讲道理都行。但脱口秀，幽默是基本要素，如果不好笑却说自己是脱口秀，是很难成立的。我所理解的演讲，往往要传达很多观点，表达很多情感，或者存在一些教育意义，但脱口秀是不承载这种任务的。它不像演讲那么直接，它必须要用幽默来迂回，往往需要大家来理解它的第二层含义，很多段子有所谓的双层结构。所以脱口秀相对演讲来说，更丰富，更含蓄。

海源 → 我第一次看黄西在白宫讲脱口秀的视频，也以为是演讲，就觉得这个演讲怎么这么好笑，能好笑到这种程度，后来才知道原来那是一种奔着喜剧效果去的形式。我觉得脱口秀和演讲的第一目标就很不一样，演讲是要表达我今天要干什么，我今天要传达什么观点等等。而脱口秀首先想逗你笑，第二目的可能才是在逗你笑的时候，再能传达一些什么东西。当然，演讲可以很好笑，脱口秀也可以很演讲，但它们的主次是不一样的。

不是
演讲
no no no

013

脱口秀 * 脱口秀 * 脱口秀 *
不是 ✗ 不是 ✗ 不是 ✗ 不是

不是
单口相声

程璐 → 我感觉单口相声讲述的大都是一些非日常的魔幻事件，脱口秀更多的是日常一点的真实事件。

海源 → 如果认同脱口秀不是相声，那么脱口秀肯定也不是单口相声。相声要练基本功，要讲究说学逗唱，是非常正规的训练，你不能自己乱学。我感觉相声更多地被定义成一种曲艺，很讲究功力，很多人在欣赏相声的时候是在听一种韵味，而喜剧只是其中的一部分功能，说学逗唱，逗只有四分之一。

喜剧的秘密： 从脱口秀说起 THE SECRET TO COMEDY, STARTING WITH STAND-UP

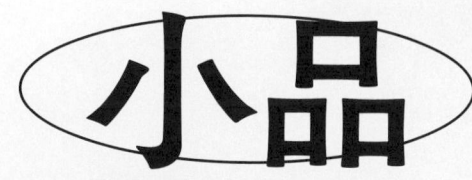

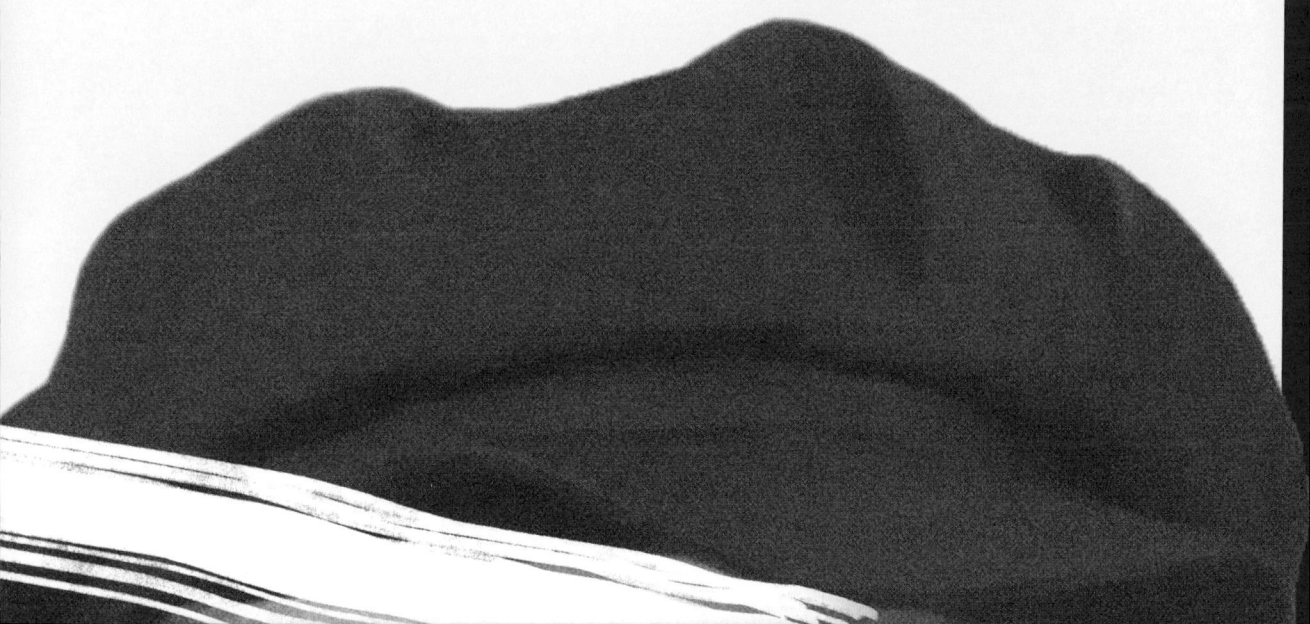

口秀 * 脱口秀 * 脱口秀 *　脱口

程璐 → 小品本质是一种表演,通过一些喜剧结构和技巧形成矛盾和冲突,然后推进故事。演员是在塑造全新的角色,通常跟本人的性格不太一样。脱口秀更像是自我表达,更多地基于真实的情绪和情感,再用幽默的方式表达出来。

海源 → 小品有剧情,有起承转合,是原因、过程、结果都有的一个完整的故事。而脱口秀可以只是一句话,可以是非常零零散散的东西,也有可能你根本不知道他讲了什么,但就是让你笑了一晚上。

不是

小品

脱口秀 * 脱口秀 * 脱口秀 * 脱口秀 *

不是 ✗ 不是 ✗ 不是 ✗ 不是 ✗ 不是

不是 漫才

程璐 → 漫才是日本的一种喜剧形式，内容很多都是无厘头、跳跃式的，里面有大量的想象，扮演的角色完全不是演员本人，甚至都不是人，可以是动物、外星人之类的，逻辑上完全跳脱。

海源 → 漫才很少有观点表达，通常是架空地去讲一个很离谱的故事。表演的两人分工也很明确，一个是装傻，一个是吐槽。漫才演的也不是自己，很难真的贴近本人，没有人真的那么傻。我觉得，漫才有点像两个人的简易小品，人数少、剧情简单、表演也不太复杂的小品。

口秀 * 脱口秀 * 脱口秀 *　脱口

程璐 → 即兴喜剧是真的即兴，完全由现场观众给一些题目、素材、信息，把这些东西非常随机地演绎出来。而脱口秀是百分之九十九的准备好的东西，只有很少一部分是即兴内容。但脱口秀需要表演出放松自然的状态，表演痕迹没那么重，所以观众会误以为是刚刚想到的，其实文本都经过了极精心的准备，可能磨了很久，连节奏点都会卡得非常准。为了给人刚想出来的错觉，有时候也会设计一些非常自然的动作。

不是即兴喜剧

海源 → 即兴喜剧是给一个题材，给一个场景，凭自己的喜剧能力去演，是一种无法预测的喜剧形式。而脱口秀是有稿子的。

《吐槽大会》不是脱口秀的全部

程璐 → 《吐槽大会》是最先推出来的，所以很多观众最早接触到的所谓脱口秀形式，是吐槽，就觉得脱口秀需要互相攻击，说一些非常犀利的话，并且是要由明星来说。但当时脱口秀的线下演出并没有因为《吐槽大会》而产生变化，观众明显感觉到是不一样的。其实"吐槽"的英文是roast，算是脱口秀的一个分支，不是全部。脱口秀有很多种形式，没有一定要攻击或者讽刺，也有很多不以攻击别人来获得快乐的方式。

海源 → 《吐槽大会》集中展示了脱口秀的创作技巧，能把一个笑话用很多种方法来表达，比如吐槽一个人，很可能那个人只有一个槽点，但我们会用五个段子十个段子来表达。如果大家要欣赏脱口秀的创作技巧的话，《吐槽大会》就是一个典型的代表，并且它的内容是你吐槽我，我吐槽你，有一种脱口秀精神在里面，就是我可以接受别人对我的攻击、讽刺、嘲笑，可以一笑了之。但吐槽不太表达个人观点，只是表达对某个人的态度。

喜剧的秘密：从脱口秀说起　　THE SECRET TO COMEDY, STARTING WITH STAND-UP

程璐 → 《脱口秀大会》是一种精炼的、线上的脱口秀的呈现方式。《脱口秀大会》比《吐槽大会》更接近脱口秀，更多元，但它也不是脱口秀的全部。比如演员线下通常需要表演15分钟或者以上，脱口秀专场可以表演更久，有很多时间来消解前面的冒犯，但是《脱口秀大会》的5分钟是来不及消解的，就会很难表达极复杂的感情。《脱口秀大会》需要大家简单直接，快速打动观众，让观众笑，是比线下更快节奏的脱口秀表达。如果去看线下，就会看到节奏、形式非常不一样的内容，好的脱口秀演员所能呈现的内容更复杂更广阔。

海源 → 我的理解是，脱口秀专场像是你出了一本书，《脱口秀大会》里的表演像是短篇小说，这篇小说可能非常精彩，但短篇里面能表达的东西还是没那么丰富。《脱口秀大会》是目前观众们认识脱口秀的最好的载体。

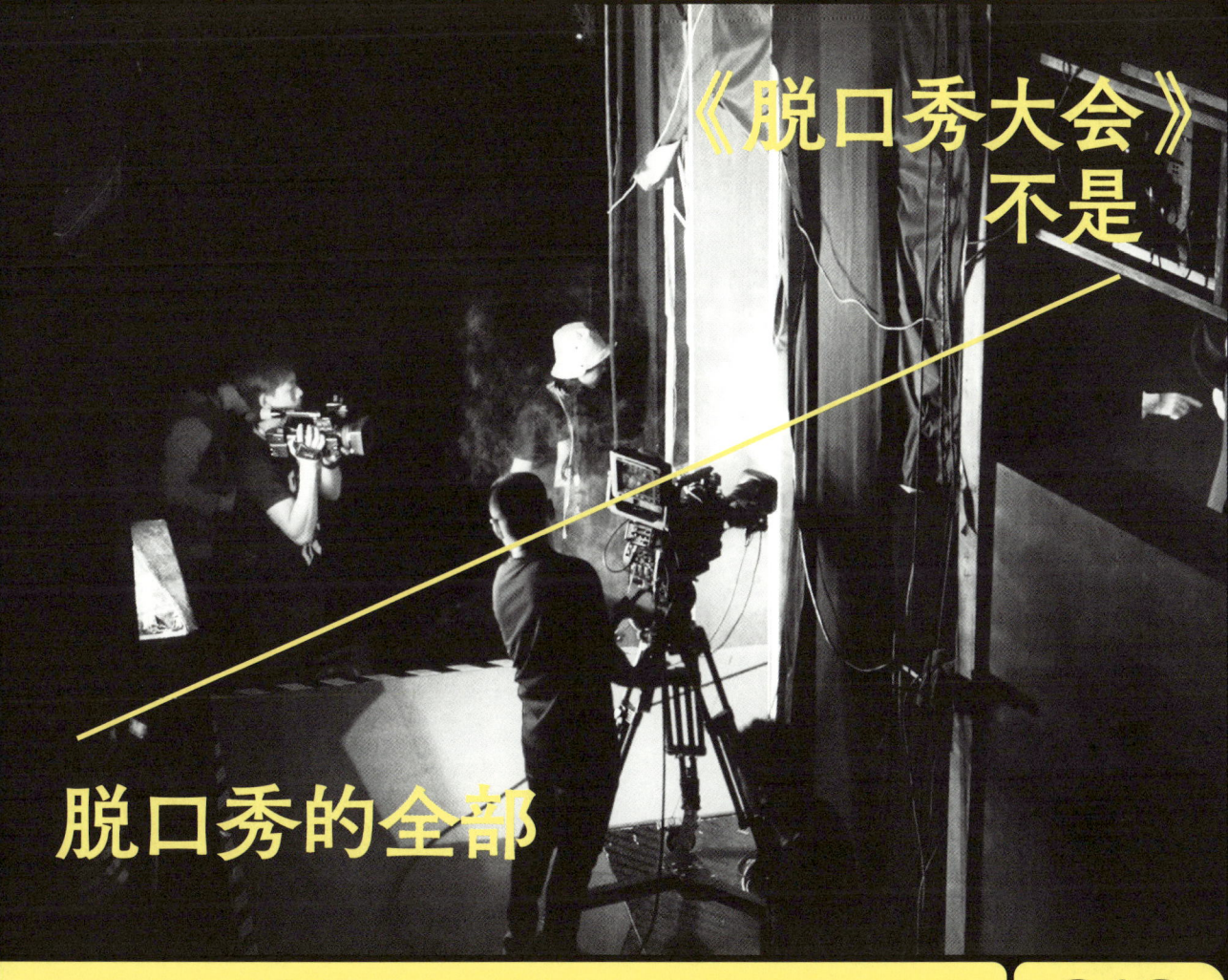

《脱口秀大会》不是脱口秀的全部

脱口秀 * 脱口秀 * 脱口秀 * 脱口秀

〇 可能是什么 〇 可能是什么 〇 可能

可能是
我生命的小伙伴。可能是
｜ 程璐　　　　一种技术。
　　　　　　　　｜ 庞博

　可能啥都不是。
　｜ 呼兰

　　　　　　可能是一份工作。
可能是　　　　｜ 杨蒙恩
一篇作文。　　　　　可能是
　｜ 何广智　　　　纯语言的喜剧。
　　　　　　　　　　　｜ 海源

　　　可能是礼物。是借来的礼物。
　　　　｜ 颜怡　　｜ 颜悦
可能是枕头。
　｜ House　可能不是种艺术。
　　　　　　/可能是种职业。
　　　　　　　　｜ 小北

　　　　　可能是
　　　　　想触碰又收回的手。
可能是　　｜ 张博洋
"内衣"。
　｜ 豆豆

喜剧的秘密：　　　　从脱口秀　　THE SECRET TO COMEDY,
　　　　　　　　　　说起　　　　STARTING WITH STAND-UP

脱口秀 * 脱口秀 * 脱口秀 * 脱口秀 *
什么 ○ 可能是什么 ○ 可能是什么 ○

可能是
在把你对世界的愤怒，
幽默地表达出来。
　　| 思文

问这个东西没有意义，
我们不能定义啊！　　　　可能是真相。
　　| 孟川　　　　　　　　| 周奇墨

脱口秀可能是最长情的告白，
因为它可以陪伴你很久。
　　| 小罗　　　　　　可能是
　　　　　　　　　　一种喜剧。
　　　　　　　　　　　　| 三弟

把话说得好玩点的方法。
　　| 鬼顾达
　　　　　　可能是
　　　　　　一剂类似皮炎平的药剂。
　　　　　　　　| 六件套

可能是　　　　　　　可能是
带观众的诗歌。　　　能让他人发笑的一种
　　| 小猪　　　　　自我表达。
　　　　　　　　　　　　| 放放

021

THE SECRET TO COMEDY

程璐

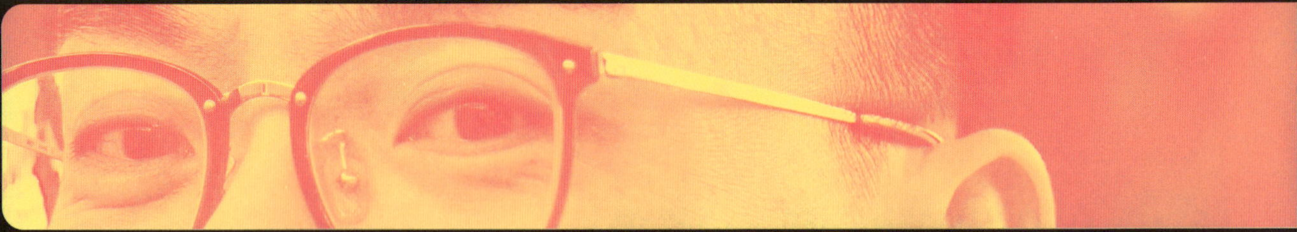

COMEDY

022

你不能假装房间里没有一只大象⟡你不能假装房间里没有一只大象⟡你不能假装房间里没有一只大象

喜剧的秘密： 从脱口秀说起

THE SECRET TO COMEDY, STARTING WITH STAND-UP

程璐
/
你不能
假装
房间里没有一只大象

整理
→ 东东枪

A
独白
·
我找不到
不喜欢的理由

程 →

最早做跟喜剧有关的事是小学四年级还是三年级吧,"六一"儿童节,要表演个节目,莫名其妙地,我同桌的妈妈就让我们表演相声。那时候我家有一盘相声磁带,姜昆和谁的来着,家长就帮我们把那个磁带里的相声台词抄下来,抄在当年那种信纸上。相声的内容大概关于动物什么的,反正就上了台,莫名其妙去表演了。

我家在农村,初中之后才在镇上,小时候我家邻居有一个盲人,我叫她嫂嫂。她是盲人嘛,每天就在家里做家务什么的,也没有人跟她说话,我就喜欢跟她聊天。她有很多那种民间的特别精彩诡异的故事,声音也很好听,给你讲故事,讲得你一直不愿意走。那给我打开了一个新世界。她给我讲了很多怪力乱神的故事,各种民间传奇,不是纯鬼故事,但它又有那种诡异的元素在里面。

除了她,还有一个对我的喜剧有影响的是我姥姥家附近住着的一个残疾人,腿是瘸的。可能是因为大人不怎么跟他玩,我们小孩就跟他玩,他给我们讲很多屎尿屁的段子,我们就天天围着他。他有无数的故事,"放屁大王"

什么的。当时跟他在一块，我记得每次都笑得肚子疼。我们太喜欢他了，小孩太喜欢这些段子了，能够听懂。那时候我至少得有五六岁、七八岁了吧，应该还没上学。

他们是很重要的启蒙。

后来能看书了，就看当年的笑话，比如《读者》上的那些。还有一些讽刺漫画，比如华君武。那时候他画了一个漫画，是一对年轻的情侣，一回到房间里就关上灯，然后街道的人给他们送来了一面锦旗叫"节电卫士"。我当时就觉得这个特别好笑，记忆非常深刻。

上小学时，我特别喜欢逗我同桌，我是那种学习成绩挺好的孩子，又不能公开接老师的话，老师在那儿说，我就偷偷地逗同桌。所以，我的好多同学是不知道我幽默的，只有我身边的人知道我很好笑。我同桌很知道，因为上自习的时候逗他，他老憋笑憋不住，被老师点名。有些朋友听说我在做脱口秀觉得很奇怪，说完全看不出你能做这个，因为我当年学习挺好，大家觉得我是个比较呆板的人。

大学时我学的是英语专业——高中时只学英语，偏科非常严重，就只报了英语专业。所以后来就做了翻译。2008年以后吧，才在网上看到很多人写的小段子。

在翻译公司工作时，有次公司团建，搞培训，比较放松，大家全是同事，瞎胡闹，我就在课间休息的时候突然模仿起一个培训老师，以他的语气说话，来解答大家所有的问题，就特别逗。可能演了有半个小时以上，把大家逗得上不了课，从那以后在公司内就获得了一个"大师"的称号，大家都叫我"大师"。这件事让我觉得在那么大的场合里"逗大家"好像还挺有意思的，让我体验到了一种舞台表演的感觉，被大约二三十人围起来的那种感觉。

再后来就是找到了一个脱口秀俱乐部，就去演。先是去看，看完之后觉得"都太差了，我上去肯定比他们好笑"。下一周，我就上台了，说的段子少量是自己写的，很多是摘抄的，当时没有什么要自己写的概念，觉得说啥好笑就行了，结果上去之后没有人理我，巨冷，我就半年没再去过。

是那种现场演出的快感把我吸引到这个行当里的，就像小时候种下的那颗种子。

后来有一次演出让我比较震撼，我觉得是让我看到了真正的脱口秀——一些美国演员，会去香港演出，一般是美国比较"中不溜儿"的演员吧，不是最有名的，也不是刚能讲开放麦的，是能够办一些巡演、赚点钱的那种，但是他们已经很成熟了。那次我看的是个黑人演员，叫鲁本·保罗（Ruben Paul），后来看他给罗素·彼得斯（Russell Peters）开过场。那大概是2010年吧，当时深圳的俱乐部与香港那边的同行有一些联系，他们那边组织了美国演员，我们就去看——那次就看到了一个真正的现场脱口秀，非常好笑，感受到这东西真正的魅力了，比我们在深圳讲得好太多了，好像完全不是一个东西。也因为是现场体验的，现场刺激感非常强。我当时跟一个朋友，叫"也so"——他现在也在讲脱口秀——一块看的，看完之后我们俩从兰桂坊的山顶沿着阶梯往下走，边走边说这个东西也太好笑了，他再讲我真的要笑死了，我的肚子太疼了。

那次之后，我就做了个决定：要好好讲脱口秀。因为这个东西可以做得非常好，而且观众一定会非常喜欢，它跟我们传统的相声小品那些相比，太贴近大家的生活了，交流感太强了。我当时就觉得这个行业一定会很好，一定会发展得非常好。这个东西大家不可能不喜欢，我找不到不喜欢的理由。

于是就回去练，每周都去开放麦，应该从来没有缺席过，那个时候的目标就是要做一个好的脱口秀演员，要成为他们那样的。但是你会发现其实自己能力跟他们比是很有限的，他们太成熟了，演得太好了，我们的差距非常大。所以后来一度觉得，我们是写段子还可以、文本还行，但在台上不太会演，还是有些绝望的，觉得怎么样都达不到那种感觉。

后来黄西老师出现了，他很重要。因为他也不怎么表演，他就是讲嘛。我才发现，原来可以那样演，像他那样表演，也可以去白宫讲，也可以做得不错。这对大家都是有影响的，大家发现也可以不用演成那样。而且黄西老师就是中国人嘛，这是一个非常现实的模板。

枪 → 我不知道这么说是不是有点不合适——差不多黄西老师刚回国的时候我们就认识了吧——看他在美国给总统演的段子，你会觉得这是个天才，那些微妙的小节奏，太棒了。但在现实中见到的时候，我得说，看黄西老师平时生活中的状态，他不是那种随时都散发光彩的人。

程 → 对。

枪 → 比如说郭德纲吧，现实中就是个有光彩的人，日常的表达就很出色。但黄西老师现实生活中看起来是个很实在的普通人，这反倒让人觉得我练一练学一学，或许也能讲得很好玩，让人觉得这事不是遥不可及的。我们如果一辈子没见过老虎，老虎可能没法想象，但是突然身边有了几只老虎，你观察观察、相处相处，也许就会发现老虎也不是什么不可想象、不可捉摸的东西。

程 → 确实就是这样，大家看到这种，就更觉得可以演了。

插话之一

身边的老虎

程 → 大家跟我一起乐这件事情对我很重要，我的一个比较大的动力，应该就是大家跟着我一块快乐。所以我上台之前，比如说一个比较重大的表演，或者是录制，有时候前一天晚上会冥想，冥想那个舞台的状态。其实就是一个自我催眠吧，冥想在进入这个场之后，观众的反应。

我最近还有一个感悟是，其实我原来在台上没有那么做自己，我原来在脱口秀舞台上给大家讲自己怕老婆、吃软饭、小男人，跟我的现实

B

先把大象请出去

程璐 × 东东枪 × 贾行家

程璐
/
你不能
假装
房间里没有一只大象

情况完全是相反的，我之所以能够讲那些是比较自信吧，让我可以接受这件事。

我现在就不是这样了。这一季《脱口秀大会》（2021年）刚演的时候我就在节目里讲我现在是领导，是"喜剧领导"。这个"喜剧领导"就有很多反差，也很好笑，但是非常真实，效果就非常好。

我觉得真实会有一个推动力，会让你的表达、你在舞台上展示的魅力不一样。扮演没什么问题，但是这个技巧可能在舞台上没那么有效。其实我们都在扮演，但越接近真实，可能现场的效果越好。或者可以说，越真实，你所表达的东西就越有力度，如果它是一个表达的话。

段子里面所表达的东西，虽然不一定真实，但是是真诚的，它有你真正的态度、观念、价值观在，这个不是假的，只是说那个关系、事件可能是假的。

和思文分开之后讲的那些段子，是非常真诚、真实的。离婚之后，我在节目里只讲过一次（这件事），因为觉得那一次是必须讲。你讲不了别的话题，你必须得解决，你不能假装没事，不能假装房间里没有一只大象。

你要去讲别的东西，就得先把房间里的大象请出去，所以那次我是很难的，因为也涉及对方嘛，你不能伤害她，就很难讲，那应该是我讲得最难的一段。

而且，很多事情你还是要消化之后才能讲的，你消化不了是完全讲不了的。脱口秀里，无论大家讲自己的磨难也好，自己不好的那些东西也好，基本上都是消化之后才做的一件事情。所以这也是一种治愈。比如说，我如果没有讲出来，我可能还要更久才能消化掉这些，才能放下。而且，你还没有放下的时候，可能也说不太出来，这是一个很微妙的事。

贾 → 有时候逼着你强行面对自己的一个问题，其实是逼着自己给自己当心理医生。我自己必须要站在一个相对外部的视角，把它写出来。

程 → 对，观众是怎么想的、我俩是怎么想的，然后再想怎么好笑。

贾 → 这是个挺好的方式，我觉得有些好的脱口秀，是能够感觉到演员他逼着自己把自己拆解出来，而且他说完之后，你会感觉到他的那个松驰——当我说一遍，这件事情就被冲淡了，而且还是个释放。好的脱口秀演员，他在反复讲这些事情的时候确实有这个自我疗愈过程。尤其有一些讲自己青少年时代的经历，已经讲得不好笑了，但是能感觉到他的真诚和释放。

程 → 是。

枪 → 前两年看到对"幽默"的又一种定义，说"幽默就是拒绝严肃面对自己遭受的苦难"。

贾 → 拒绝板起脸来看待自己的伤疤。

枪 → 但其实是不承认那个伤害，我不承认你伤到我了——我们罗伯特·麦基（Robert McKee）老师说的，喜剧的一个重要原则就是"没有人真正受到伤害"。实际上，是要把那些伤害表现得像是没有人真正受到伤害一样，大家才能笑得出来。

程 → 是。

贾 → 这个感受有一点像一个残忍的喜剧电影，会让你总觉得这个死者没死透似的。像《冰血暴》（Fargo）里面，就总觉得里边的一个什么人还没死透。

程 → 对，所以才能笑。所以我们现在讲一个自己过去的车祸、讲一个家人得了什么重病这种题材，就特别小心翼翼，千万不要搞成悲剧，要说"现在已经好了"或者什么的，特别怕观众陷入真正的"觉得惨"的情绪里，那是不可能好笑的。你要先告诉他结果没有那么残忍，再逗他。

枪 → 能把结果看淡的人是非常不标准的中国人，基本上是喜欢《瑞克和莫蒂》（Rick and Morty）的那种人才会不在乎这些事情。但是喜剧没法说到那一步——结果不是所有人都要死吗？那你干吗这么执着于这个结果到底是什么？你只不过是暂时逃离，而这是个暂时的结果。

程璐
/
你不能
假装
房间里没有一只大象

枪 → 程璐离婚这个事对他影响大吗？据你们观察。

诞 → 不大。我就觉得什么事在程哥身上影响都大不到哪去。他就是有这种本事，有那种大将之风，真的是泰山崩于前而不变色——他可能会变色，但是变完之后，就又会变回来——"哎呀……就那样吧！"他大概是这么个人。但是王建国就不一样，王建国是泰山还没崩，他说："泰山会崩的，它一定会崩的……"就是这种。

**插话
之二**

**我喝我的，你睡你的
＊李诞申请加入群聊**

贾 → 程璐的创作呢，会有变化吗？

诞 → 我觉得有个问题是他跟这个世界新关系的梳理。程璐是一个很喜欢依赖别人，而且觉得依赖别人是很正常的一个人。他小时候就依赖爸妈，虽然不是富二代，但很受宠，他喜欢、习惯于依赖别人。结婚以后也是依赖他前妻，比如说家里的大事小事，他觉得随便弄弄就行了，他也不想问，他就想快乐。但是离婚这个事情让他自己重新面对这个世界。尤其又都是这个圈子里的事情，就很突然。然后又突然给他升职，做了领导。我觉得对他来说，是突然的一个快速成长，挺好的，他就发现其实自己可以弄好，可以弄。对吧？但是，有一个细节，就是他会时不时地把他爸妈都从山东接来，陪他一起住。

贾 → 这事儿，作为山东男人，也挺正常的。

诞 → 他爸妈现在就陪他住，他还劝我说"你把你爸你妈接来吧，咱俩天天不吃饭不行"。因为我俩基本上不怎么吃饭，就是想起来了，饿得不行了，随便

029

吃一口，但是吃一点就饱了，然后晚上就喝酒去了。他说"咱俩天天这样不行，我爸我妈就给我做饭去了，得吃饭"，然后我说"我去你家吃就行了"。程璐就是一个这样的人。我们公司大家称呼，这哥那哥地叫，其实真像哥的人没几个。这是一个好现象，真的想当大哥的人几乎没有，好像在我们公司没见过这样的人，但是也没办法，就得有很多人被迫顶到一些哥的位置上去，勉强维持着。有时候他晚上敲我门，找我喝酒，我说"你干吗？我都睡了"，他说"你睡你的，我喝我的"。就真的是一个很快乐的人，情绪容易波动，但是不太影响工作，对人很好，是与人为善的人。

C 一定是你生活中的一部分

程 → 叫"单口喜剧"还是"脱口秀"，这个事其实没有什么意义，当年讨论过——早年我们刚开始做这个的时候，可能全国只有15—20个人，大家有个群，那个时候会很执着地想把"脱口秀"和"单口喜剧"厘清。非常想。后来想通了，你把它做火了，它是啥都行——但当时我觉得一定不叫"脱口秀"。

枪 → 嘿，那《手把手教你玩脱口秀》是怎么回事？

程 → 那个是后来我已经承认了，不纠结了。

贾 → "有中国特色的脱口秀"。

程 → 当年大山老师还说过可以叫"立马逗"，其实也挺好。

贾 → 是大山说的这个？

程 → 对。在我们群里。

程璐
/
你不能
假装
房间里没有一只大象

枪 → 我第一次听说这个名字是很多年前有一次，黄西、郝雨、我，还有谁来着，Tony Chou吧？一块吃饭，我记得是四个人，就在吃饭的时候，谁提起来了，说有个说法叫"立马逗"。

程 → 是大山提的，大家还在那儿讨论，后来就不纠结了。我觉得纠结来纠结去没有意义，因为当时根本就没人知道你在干啥，你叫啥有什么用？所以就一直"脱口秀"吧。

枪 → 其实"stand-up"也不是"单口"的意思，是"站立"啊——但是你说，是不是"站立"着很重要吗？坐轮椅就不能说这玩意儿吗？也不重要。我自己觉得，是不是"单口"不重要，是不是"站立"也不重要。

贾 → 你认为什么是重要的？

程 → 就是让大家笑吧，个人表达。

贾 → 一定是要个人表达吗？我们其实也在讨论这个事情，东东枪就认为可以超出"我自己"而去塑造一个人物，我未必是我，只要把这个人物演得活灵活现，甚至几十年一以贯之，是可以的。

枪 → 就是其实可以塑造一个脱离于你真实自我之外的"舞台自我"，难道不是这样吗？

程 → 好像很少。

枪 → 比如憨豆。还有《月亮上的男人》(*Man on the Moon*)，金·凯瑞（Jim Carrey）演的那个安迪·考夫曼。那里面他不是也塑造了一个角色吗？还要化个妆之类的，那些在你们看来不是这个行当里的吗？

程 → 我觉得不是。我不知道这个怎么区隔。

枪 → 那你们对"脱口秀"的定义是不是太窄了？要是连那个都不算的话。

程 → 我很难想象一个人不是一个足球解说员，但他就在台上说自己是足球解说员。我原来也没有想过憨豆跟我们是一个行当。

枪 → 我自己觉得是。尤其是憨豆那些舞台表演。

贾 → 我的猜测，正好程老师也帮我们判断一下——大家认为东东枪说的这种情况不是脱口秀，还是因为这个行业已经被美国的前辈们定义得很清楚了。

程 → 也不是定义得很清楚，他们其实特别开放。

贾 → 但是他们中间没有那样抽离的、我不扮演"我"的情况。

程 → 对，很少。

贾 → 所以我就很奇怪，原因是什么？是他们历史上有过，但被他们一点点淘汰掉了，以后没人再这么干了？

程 → 我感觉没有吧。比如我们去美国看过各种俱乐部、地下……各种都去看过，没有遇到一个纯粹演"别人"的。

枪 → 有没有可能出现这种情况——乔治·卡林（George Carlin）现实中根本就不愤怒，他在现实中是个老好人，在台上那些表现都是装的？

程 → 他一定是你生活里的一部分吧，不可能完全是假扮的。

枪 → 那就难以界定了。

贾 → 我看《了不起的麦瑟尔夫人》(*The Marvelous Mrs. Maisel*)，里面有个特别有钱的女脱口秀演员，在舞台上总把自己装成个臃肿的穷人老太婆，后来麦瑟尔夫人就揭露她，说她实际上是个贵妇，上台那样是演的。我猜想，现在没有这样的演员了，但那个年代可能是有的？好像她是有原型的，可能五六十年前被淘汰了？

程 → 我觉得从创作的角度讲，那个太难了。

枪 → 要是反过来呢？像刚才说的、一个有钱人，天天在台上装穷人，被大家揭露了，说你不要脸，你冒充我们穷人……但如果是一个穷人，天天在台上演有钱人呢？大家会觉得被欺骗了吗？他演一个滑稽可笑的有钱人，每天一上台就以这个可笑的有钱人的面目出现，大家也知道他是演的，但他演的说的就是很真实、很好笑，不可以吗？

程 → 我们现在就遇到了一些类似的困境，比如说我昨天还跟海源聊——海源原来在舞台上就是一个何广智的形象，在台上讲那种穷日子、生活艰难的段子。他现在就完全讲不了了，因为他有钱了。

枪 → 有钱了所以大家都不信了？

程 → 不是大家不信，是他自己讲不了了。你的生活状态变了。

贾 → 这种人太实在了……

枪 → 是啊，怎么那么实在呢？自己还挺有原则——"啊，我存款有6位数了！那不行，我不能说这个段子了！"

程 → 这是心态上的问题。包括你成了生活中所谓的强者，你在公司里面、在什么群体里面，变成了一个重要的人，你在台上没法放下自己那个心态去讲这个了。

枪 → 不能再当loser了。

程 → 对，被欺负、被diss等等，这些东西其实是很难讲的，只能现实地去说这件事情。我不知道是不是有人表演能力特别强，或者是心态特别好。

贾 → 脱口秀演员们会选择从自己正在进行中的状态去讲述，甚至不会用"我过去的经历"来讲这个事情。

程 → 嗯，就变了。

枪 → 你的喜剧观变没变过？从最早在香港从山上往下走，觉得我想做这个，到现在，发生过大的转变没有？

程 → 可能就是今年（2021）或者去年（2020）开始，离婚之后。因为之前我都是在讲段子。

枪 → 那时候还不是真实地讲自己，是这样吗？

程 → 相对没有那么真实。有人设在，有身份在，在那个基础上去创作，虽然也是真实的表达，但是它的大壳是虚拟的。

贾 → 讲你自己那段的心态，那次释放，是个节点吗？

程 → 可能算是一个。那个时候是又不得不面对自己。

枪 → 会不会有这样的情况，一个人开始真实地讲自己了，但大家不爱听，大家喜欢你原来的人设？

程 → 当然是有可能的，但我现在收到的反馈是好的。我用真实的自我来讲，他们并没有不喜欢，反而可能比原来的效果更好。这是一个正向的反馈。如果是负向的，可能我就要想点别的招或者是再有一个别的东西。

贾 → 你会认为大家反馈的效果是一个决定未来创作的标准是吧？

程 → 至少是其中的一个重要指标吧，因为你是舞台表演者，观众得认，变来变去，观众不认，那也没有意义。我们会开玩笑，有一些讲脱口秀的人，比如像李诞，到了一定的级别，大家会说他"开始自我表达了"，就是观众可以允许他不那么好笑了，大家就会开始调侃——"哎呦，自我表达了！"

枪 → 就是相当于有勇气、有实力放弃一部分观众的喜好吧？

贾 → 你认同"我会有一天做自我表达"吗？还是"始终服务这些观众"？

程 → 我还是想好笑。

贾 → 在这个基础上才能自我表达？

程 → 对。

枪 → 现在你是从业者，你接触那么多喜剧的创作者和表演者，你觉得有多少人是执着于自我表达的？自我表达是个很稀有的执念，还是很普遍的追求与共识？

程 → 只能说脱口秀是相对真实吧。

枪 → 这个相对跟谁比？

程 → 比如说他是个九分孤独的人，他在台上只能讲他五分的孤独。

枪 → 九分孤独的人只能讲五分的孤独？我猜有五分孤独的人，要在台上夸张到九分孤独它才好笑、不是这样吗？

程 → 那个真实就是个底色，在台上是要考虑观众的接受度。像我们说"开始自我表达了"，大家调侃这个事，就是因为你知道这个东西讲出来不好笑，大概率大家不太理你。

枪 → "自我表达"常常要接受这样的嘲笑吗？

程 → 其实很少，大家没有那么浮夸，比如开放麦，前一阵杨笠去了，她很久没去了，那天是一个演出，她就要讲她爸爸去世的事，讲得非常地往下走。她就是想讲，而且她知道这个不会好笑的，会吓到观众，最后演出是在泪水中结束的，有的观众哭了。

贾 → 还有一个挑战是，你得是一个"自我"有魅力的人，否则你的自我表达就没有几个人在乎。

枪 → 嘿，"你的自我不值得表达"，太残酷了。我好奇在你们的眼里，谁是已经开始自我表达的演员？谁是有这个特权自我表达的？

程 → 我觉得李诞多一些。

枪 → 建国有没有这个特权？

程 → 建国没有。

枪 → 但是他尝试过。

程 → 尝试过。

枪 → 有些节目里他的段落，让我觉得他是在尝试做这个事情。

程 → 像谈"孤独"那一期就是。那也是自我表达的一部分，但我刚刚说了，他的孤独感比那个要多很多。

贾 → 他是因为找到了一种既自我表达，同时还能被观众接受的办法，或者说像刚才你说的，等把人抓住了之后再自我表达。

枪 → 其实好多人不接受的。

程 → 对，很多人不接受，只是相对接受吧。我们原来就说脱口秀是找到自己的观众，而不是让大家都去喜欢你。

枪 → 我觉得罗老师，罗永浩，很自我表达。

贾 → 他从一开头就是。

程 → 他太猛了。完全不考虑后果的勇猛。

贾 → 挺酷的，这就是我一直默默崇敬罗老师的原因，中国这样的人太少了。

程 → 是。

枪 → 罗老师战斗的一生。

程 → 他太战斗了。

枪 → 他讲的那些里头有多少是他自己写的？有他自己写的吧？

程 → 肯定有。他写稿像老师一样，先拉个提纲，小黑板，1，1.1，1.2……列一个非常长的东西，往里填。

枪 → 他讲的那段非常天衣无缝，完全像他。

程 → 对，因为是他在列提纲，讲啥；我们给他填包袱，给他想梗。

贾 → 这个提纲是他自己的？

程 → 对，他要讲从啥时候开始、怎么欠钱了……我们就负责给他删，太长了，删吧，最后弄了一个那个段子。

贾 → 这就是刚才说的，故事梁子特别好。

枪 → 这种创作我觉得是好的。我甚至觉得这种创作方式是值得推广的，都得这么做，团队创作，不必非得演员自己写。

程 → 现在给嘉宾是这样做的。

枪 → 美国那些脱口秀节目不也是这么做的吗？

程 → 对，其实多了以后可能就会这样做了，现在就是人少。但是美国线下演员还是自己写、自己讲，最多成名了以后配两个编剧。罗素·彼得斯每次巡演都带两个编剧，给他写。演完之后他马上就跟两个编剧开会，我刚刚的表演哪里可能有问题——到了一定程度，他们会配编剧的。不是说完全不用别人写，写了就不行。它只是说很难像相声一样写一段给所有演员说，或者是相当一部分人可以共用的内容，这肯定很难。脱口秀这一行里，表演是基于个人的。

枪 → 我喜欢日本一个老演员、西田敏行，他是"日本俳优连合"（据说相当于日本演员协会）的理事长。我听人讲，日语中，"俳优"、"役者"这两个词都可以指演员，有区别，也常被混用。西田敏行则对这两个词有自己的见解，他认为"俳优"虽然扮演不同角色，表演中却是尽显自身气场与个性，或者说，不管演谁，迷人的还是演员自己的魅力；"役者"不同，是演员彻底投入角色，抹杀自身的存在感，装龙像龙，装虎像虎，让角色发光。

程 → 是有可能有这个方向的，只是现在人太少了。我看每年《吐槽大会》也好，《脱口秀大会》也好，其实它都还在进化。原来都是纯文本，讲讲讲，后来跳出来了一些在舞台上很"疯"的人，再后来又有人拿个吉他过来弹，它其实在变化。而且很明显，大家看重的东西也一直在变。我们最近在聊关于脱口秀专场这件事情，大家都觉得"专场"可能是脱口秀最高级的一种演出形式，到顶了，大家都鼓励演员开专场。但李诞就提出了一个观点，说专场可能并不符合我们中国国情——大家并不愿意看一个人从头说到尾，大家爱看更多的人轮番上场，这才好看。我们原来一直就是"原教旨主义"，觉得美国人他们怎么怎么做，我们就得是同一套体系。现在挺好的是，我们还是比较开放和包容的，比如说《脱口秀大会》，各种都可以来，都叫脱口秀，都可以。

贾 → 但我猜脱口秀也是有些边界的。我们也许说不清楚脱口秀是什么，但可以先说说它一定不是什么。

枪 → 这个问题有意思，脱口秀有边界吗？如果你作为总编剧，看到某个演

程璐
/
你不能
假装
房间里没有一只大象

员的稿子，里头有哪些东西你是绝对不接受的？什么东西会让你说这东西不对、不应该这样，让他回去改，再好笑也不要这种东西？

程 → 肯定是有的。比如有些包袱本身很好笑，但我们的感觉就是"气质不对"，你说了这些之后，让你很猥琐，是能笑，但是就会变得很low。

贾 → 会不会有那种东西出现——"这个东西它不叫脱口秀，我是因为这个原因把你否决掉的"？比如内容涉及对异性的一些糟糕的态度？是那样的段子吗？

枪 → 比如演员背了段绕口令什么的……

贾 → 差不多就是这个意思，你在台上背绕口令把大家逗笑了，这就没意思，肯定不是脱口秀。

程 → 对，是这样的。但我们还没有遇到这个东西特别好，但是又不是脱口秀，就不让它上了的情况。核心还是它好不好，或者是不是市面已有的东西——纯来一段相声，你来这儿演干啥呢？

贾 → 或者是特别小品的那种表演，你们会觉得需要剔除掉吗？

程 → 不需要。

贾 → 把场景一个一个地还原得太过逼真了，让大家伙混淆，认为这个演员是在表演，而不是说脱口秀，这种没必要去阻止他吗？

枪 → 可能主要是还没有演得太好的。

程 → 对，没有演得太好的，没有到需要阻止它的程度——"这个东西太好了，但你不能叫脱口秀"，没有这种情况发生。

D
**我是一个
喜剧领导**

枪 → 做总编剧，要给那么多形态各异的编剧把关，甚至决定他们作品的生死，是种什么体验？这事难吗？

程 → 没有到生死，只是方向吧。这事儿需要经验，需要你做过很多节目，因为现在好多脱口秀演员只在线下演出，只有一个场景，他们大部分都不知道录节目、去那个现场表演是怎么回事，它跟在线下小剧场演出是完全不一样的感受，差别非常大。电视观众坐在那里，一样的表演，反应会完全不一样。

贾 → 我的一个感受是，线下演员的情绪受观众影响很大，而在线上，感觉是首先跟镜头发生关系。

程 → 更像是一个自我表达。

贾 → 问题是，在线上表演的时候，能不能判断出来表演的效果好坏？是怎么判断的？

程 → 其实节目做多了就知道了——你看建国就从来不去线下演出。我们一块给大家改稿，演员一说这个在线下效果很好，建国就很生气，说"不要搞什么线下，都是骗人的"。

枪 → 建国从来没演过线下？不对，我看过他线下。

程 → 可能一年才去一回。

枪 → 为什么？按道理说，不是大家都很享受线下演出的快感吗？

程 → 他不享受，他觉得这是骗人的，因为现在他只要上去大家就会笑。可能他觉得没有意义吧，说半天笑话什么的，还没有刚上去大家看见你那一下笑得开心。而且，也试不出什么真正的好内容，他有好的内容喜欢跟我们讲，大家听了一乐，他就觉得挺好的；观众乐了，也不一定是理解了你创作里那些精妙之处，所以就不愿意去。

枪 → 明白了，就像莫言当众朗读自己写的小说，大家肯定都鼓掌，但莫言本人肯定也没什么快乐。

程 → 对。他已经无法享受。

贾 → 他不能从这种现场中间获得任何快感，他是要从文本……

程 → 对，从创作的过程，包括跟我们分享，他能获得快感，大家一笑，他觉得很好，我这东西特好。

贾 → 你呢？

程 → 我在台上是挺享受快感的。我愿意演线下，观众笑，我就挺开心的。

枪 → 做总编剧会影响你自己的创作和表演吗？

程 → 感觉还好，时间上相对影响一些，其实创作相对还是比较个人的。

贾 → 会训练出一种对段子的直觉吗？比其他演员灵敏很多？

程 → 应该会有一点，因为看得比较多。大家的东西，包括那些嘉宾的稿子什么的，会直觉多一些。比如说《脱口秀大会》，我跟建国都是那种拖稿型的，要看截止时间，最后关头才开始弄自己的。

贾 → 比方说一个5分钟、一两千字的稿子，给自己留多长时间？

程 → 我们那个《脱口秀大会》的（稿子），有三四天、四五天的，但其实也不是很好弄，因为其他演员可能有磨了一年的东西，我们用几天弄出来的东西跟他们比。

贾 → 三四天，就把你自己上台的这些东西，连磨炼带表演细节设计都完成是吗？

程 → 是，但其实这也不是能够复制的，一直这样也很难。

贾 → 这个主题是你们平时有一个大概的想法，到最后集中把它呈现出来，还是就是三天完全从零开始，无中生有把这个东西做出来？

程 → 会有一些感觉，原来就有的一些感觉。定方向是最重要的，比如说我本来想写我作为一个男人，一个人去迪士尼玩——我是很喜欢去迪士尼玩的——我觉得至少是个有意思的事，我就写。但写出来之后发现非常轻飘飘，不是厚重的东西，也没有表达出什么东西，只是一个趣事。根据自己的判断，拿这个去比赛一定会死得透透的，没有人理你。我去开放麦讲过一次，知道也应该不行，这是一个方向。第二稿就完全改掉了。第二稿就成了"我是一个喜剧领导"。完全重写，写一个新的东西，因为这是我最有感觉的一个事——原来"首席编剧"只改稿，从去年开始我有了行政岗位，我要管他们，过年的时候还要听他们述职，听他们讲今年干了些啥。我原来就是只管内容，开开会，也不管他们，爱怎么样怎么样，爱上班就上班，现在还得关心一下他们的生活，管人，包括项目调配什么的。这个对我影响比较大。编剧可能有接近100人，平时不都在，大家有项目的时候来，因为所有演员都必须是编剧，也就等于管所有演员了。所以我就有了一个身份，后来还给我配了个车，这个事对我影响很大——大家开始笑话我。

贾 → 配个司机就超标了。

枪 → 给你配的什么车？

程 → GL8。

贾 → 是带司机的？

程 → 对。

贾 → 那有段子可写了。

程 → 嗯，就是真领导了。

枪 → 这很有意思。

程 → 我记得第一天给我配车，被他们嘲讽了一晚上。

枪 → 我是没想到写段子还能写到配车配司机。

程 → 所以其实就有一些素材了，而且是真实的一些冲击，不是纯编的，就是大家确实会嘲笑你，因为喜剧嘲笑权威嘛。所以这个话题可以写，而且写得很快。

枪 → 因为是真的。

程 → 很真。

枪 → 这算不算内部梗？Inside joke？

程 → 应该不算吧？

枪 → 外人也能理解？

程 → 能理解。别的地方也有领导，而且喜剧加上领导能产生好笑的点，比如我说当领导之后很不适应，原来开会很随意，爱几点去几点去，当领导之后不一样了，必须最后一个去，早去了就得躲起来……你就开始有天然的反差，为了防止自己早到，还在办公桌上刻了一个"晚"字。就天然冲突嘛。

贾 → 这个对，你去早了，让底下的人怎么办？

程 → 对，你天天早去，等他们，压力很大。

贾 → 包括配车这件事——你现在就配上车了，尤其是在山东，一个山东男人有了自己的专车司机，是一个……

程 → 是，我跟我爸妈说配了个车，我爸妈太高兴了。

贾 → 你得告诉他们配了个司机，车不重要。

程 → 对，有司机，他们太高兴了。

枪 → 这个不是挣多少钱的事。

程 → 对他们造成了震撼，就觉得仿佛进入了单位。

贾 → 对，起码县级市的市长是不能有专职司机的，只能是办公室给你调配，名义上是会开车的随行工作人员，这是有规矩的。

程 → 所以你看——如果找到了一个比较有感觉的方向，或者有天然冲突的方向，就很快。

贾 → 这些东西就都来了。

程 → 但如果没有找到，就会很慢。

插话之三

上海市最快乐的男人

诞 → 我说程璐是"上海市最快乐的男人"。

贾 → 因为离婚了？

诞 → 离婚之前，他也是"上海市比较快乐的男人"，他就是快乐。

贾 → 他的快乐是为什么呢？

诞 → 程璐的情绪就很直接，他高兴就笑，他难过的时候、喝多了，也哭，但哭完了就完了，这种事他不会像王建国那种，唠唠叨叨的，还形成一套体系，反反复复，我很少听程哥反复说超过一次。他不高兴的时候的那些事说出来都很滑稽，他一说，然后大家一笑，他就哭了。比如说有一次他刚刚升任总编剧，又给他配了车，让他开始管理公司的编剧和演员的时候——你突然有了配车，这在一个脱口秀演员的公司，怎么可能放过你？所以基本上他那一天，每个人见到他都会开一个不同的玩笑，说"程哥有司机了？司机在楼下等你吗？"，都是这种。然后当天晚上他就跟我喝酒，喝了几杯以后他就说："李诞，我不干了，你让我干这个，我不想当领导，你能不能回来当领导？"然后我们就笑了，我们一笑，他就哭了，他就很难过。他说"我不想管理别人，我想做一个快乐的人"。但是就那一次，后来就好了，就是很好笑。我跟他说，这是没办法的事情，这是必然的事情，得去做这种所谓的领导工作，所谓跑在前面的工作。

枪 → 这为什么是必然的事？不能找另外一个人来管这个玩意儿吗？编剧好好做编剧，为什么非得做这些？

诞 → 你说得很有道理，但你现在还是一个文案吗？这是没办法的事情，你不干，也总会有另一个不愿意干的人来干，这个岗位怕的是特别愿意干的人，不怕不愿意干的人。特别愿意干的人，我们是不让他干的，我们会让不愿意干的人干。

贾 → 如果你发现这个人从不愿意干到开始逐渐迷上干了，是不是也得把他拉下来？

枪 → 他慢慢愿意干了。

诞 → 而且，我们这种所谓的领导，更多的还是事务性的，他还是要工作，还是要干活的，他不是说就真的管理人那种，还不太一样，程璐是在以往的工作中表现出了这种气质，所以就必须顶上来。他现在也适应了。程哥还是很快活的。

贾 → 你觉得他的表演呢？

诞 → 程哥最近一季开始好了，程璐最好的状态是在酒桌上，喝个两杯啤酒以后，非常幽默，贼逗。他的包袱特别歪、特别邪，他读稿会的时候也是这个状态，所以他开读稿会时特别

程璐
/
你不能
假装
房间里没有一只大象

贾 → 没有被释放出来。

好，给人改稿的角度都特别清奇，很好笑，但他以前在台上是另一个风格。

诞 → 就很硬，就不好。但在上一季《脱口秀大会》（2021年），我觉得他就是完全地放弃了。经过做领导的这个打击之后，可能心里真的放下了一些包袱，反而就很自在了，很像他生活中的样子，就很好。没办法，就是很难适应。我们公司很多人都是这个毛病，我们公司大部分人都觉得荣华富贵可能跟我没什么关系。

THE SECRET TO 王建国 COMEDY

044

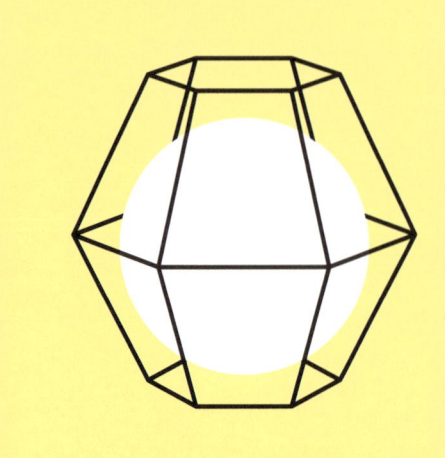

世界上另一杯最凉最凉最凉的啤酒

世界上另一杯最凉最凉最凉的啤酒

喜剧的秘密：从脱口秀说起

THE SECRET TO COMEDY,
STARTING WITH STAND-UP

王建国
/
世界上
另一杯最凉最凉的
凉啤酒

整理
→ 贾行家

A

**李诞：
他的舒适是
他的痛苦**

> 根本就唠不明白，我的朋友王简阳是盘蚊香，是陀螺，是往坟地钻的冲击钻，是南半球顺时针北半球逆时针的抽水马桶漩涡，是没有主心骨的银河系。
>
> ——摘自李诞《候场》

诞 →

建国是总编剧，但他不会像程璐做那么多工作。因为他连自己都管理不好，也不是自我管理，他这是心境（问题），他的情绪起伏太大。

王建国在历史上的迟到是非常夸张的，我跟他吵过几次大架，他才慢慢掰过来。他的矛盾在于他的责任心特别重，他答应别人的事，一定要做好，但他又要迟到，他就很矛盾。他怪就怪在这儿。他是个神经病。

我特别能理解，有时候就会踹他，他会逼逼赖赖，但他也知道这是必须的。假如没人弄他，他知道自己不会好好做，这是一个bug。公司里面，大家还是比较让着他。他现在有时候也是会迟到的。

你说王建国现在快不快乐？其实还行。但是你不能问他，你问他他就会不开心，但你看他的行为表现还挺好的。他那种唠唠叨叨还形成了一套体系，多年的形象和自我讲述已经过分完整了，他自己打破不了这个叙事，没有那种奋力一跃说"我就变了"的动力。

不光是快乐这件事，他对所有新鲜事物的反应都跟我爸一模一样。比如我跟我爸说"爸，咱们去三亚旅游一圈吧？"，他说"不不不，我不去那种地方"——王建国连语音、语调都跟我爸一模一样。你跟他说什么，他的第一反应都是"不不不，快别讲了，别弄了"，其实那件事是什么不重要，你只要说的是个新鲜事、没做过的事，他的第一反应都是"不！"。说服他们是很困难的，你只能一脚把他们踹到那个地方去，我爸他在三亚玩得比谁都高兴，但是你不能问，问就是"不去！"。王建国对什么都是这样，做事、做工作、接节目都这样，他就是很怕，缩在一个自己熟悉的痛苦里面，他那个熟悉的痛苦才让他安全。

他工作起来很认真的，但他的那种愤怒和痛苦……这么说吧，以前他开读稿会的时候，会一边开一边打《王者荣耀》，开着开着，他会突然说"嘘！"，然后所有人都安静了，他把语音摁开，就这样对着话筒骂三十秒，然后关了，大家继续开会。以前他会做这样的事，现在不这样了。

当然是故意的。他觉得，首先，我不应该出现在这儿开会，我也不应该玩《王者荣耀》——他很讨厌这个游戏的；其次，我也不应该输给对面的弱智；再次，我也不应该遵守这个开会的纪律，但我现在能干吗呢？我只能骂一堆脏话，然后和你们继续开会。

王建国很多年前跟我说过："咱们在一起的时候，别跟我女朋友一起见。"我问为什么？他说："因为我在她面前是一个人格，在你面前又是一个人格，你们俩同时出现了，我处理不了。"他对所有人都这样，他觉得我对每个人都有一个不同的人格，我不能让你们认识真实的我，我不是这样的。其实他在哪里都一模一样，只有他自己觉得不一样。他觉得他是一个不一样的傻逼，每一次傻的类型不一样。他就别扭这个，后来有见生人什么的，我就都帮他推了。

我觉得王建国最需要的就是让人知道他是个这样的人，这样他就会放松一些。很早之前我不是跟他吵架嘛，为了他的习惯性迟到。他每天进来都用特别诚恳、特别客气的态度说"对不起,我不是人,对不起大家,我迟到了"。我有一次就在会上,当着所有人骂他,我说:"你自己也知道你自己不是人,但你就是不改是吧?你就喜欢做一个不是人的人!"这对他伤害挺大的。国仔现在就好多了,我说你没必要这样,你要不来,你就跟我们说一声。

王建国弄的脱口秀一直是我喜欢的。他用没有风格形成了一种风格,他上台时总想要换一种新的演法,调一个新的语言、新的顺序来突破自己,这样他才觉得有意思,包袱也一定要特别歪、特别邪。我知道他不是享受这种冒险的乐趣,他就是够疯,喜欢这么自己折磨自己。

他现在在研究两个人一起演对口的脱口秀。这是个注定失败的事,特别像他干的事,你想听为什么吗?

他觉得"在写作脱口秀本子的时候特别磨灭灵魂",这是他的原话,他想用一点省劲的方式来创作,他觉得两个人在一起会用一些技巧,省一些劲,不那么伤及灵魂。然后,他跟张博洋商量一起做,博洋也同意了这件事。然后他来问我的意见,我说这个事有两种结果:第一种是按你想的这种省劲的法子去办,你还是会晋级,但你的活儿会特别差,然后你自己会难受,观众会骂你……观众可能都不会骂你,观众可能直接忘了,因为那个活儿太普通了,但你自己一定会更难受,因为这个作品不牛逼;第二种就是你混着混着自己就发现不行了,你们两个人还是要好好创作,那个时候伤及灵魂比你一个人还伤。他听完了说"行,我知道了",然后也没理我就去演了,就被淘汰了。然后淘汰复活了,就晋级了,当天晚上我就跟他说怎么样?他说:"是的,接下来又要伤及灵魂了。"这个道理就是世界上最远的距离就是最近的距离,世界上最近的距离就是最远的距离,你非要抄这个近道,你后面就受苦了,他现在就在很受苦地创作两个人的东西。后面整个的参赛是以他们两个人为单位,两个人花的精力可能比一个人写的五倍都不止。

王建国还是热爱创造。

★以下内容整理自程璐、东东枪、贾行家、李诞、罗丹妮和王建国的对谈，形式为王建国自述，编者调整了部分语言和顺序。

B
独白
·
我想和
那个盘锦来的小子唠唠

国 →

我小时候还行，初中及以前学习都还行，除了学习比别人好一点点以外，别的什么都没有。体育特别差，打架谁也打不过。当然也上，上完了发现我想打赢一个人付出的代价也太大了。在东北那么鲁莽的地方，我不是那么"东北"。

剩下的出路就只能去逗了，很哗众取宠，搞各种过分的恶作剧，显得自己幽默，如果不这样就没什么存在感了。

我这种幽默天赋的人在东北不能说一抓一大把，一抓一小把还是有的，你每抓一大把都有一小把。我们班至少就有八个。我没事儿就琢磨：凭什么是我？当初给《今晚80后脱口秀》写稿，我拉着我的那些同学写，水平也是技压群雄的，每写四个就有一个A类稿，A类稿是给双倍钱的，可这个懒逼就是不写。

我得写。我在济南上的大学，到笑果之前从来没上过班，就在盘锦老家待着，写小说，写段子。那时候在网易微博的吴主任，帮忙揽了一个活儿，每个月在网易微博上写30条段子，给1500块钱，扣完税1300多，我就一直很感激，那时候的1500太顶事了。

我就记得当时跟我爸妈吹牛逼，我说你看我坐着写点东西就能挣钱了，我爸妈说"咱家就差那1500块钱吗？"，拿东北人损人的那套嗑儿给我好顿损，我还不如不挣这1500呢。

我的理想状态是啥？现在已经超理想了。老李，我的第一个数儿是多少来着？（李诞：30万。他每一个数字我都帮他记着，我当时都会跟他说一句话，"等挣到那天我告诉你"。）

对，30万，我说赚够30万我就回东北。东北出来的人对钱的态度很极端，有的欲望本身就少，觉得这一个月都上万了，那还是人过的日子吗？还有一种是一个月得挣一千万的。这两种人都能幸福，就卡在中间的悬。

现在已经不敢定目标了，怕实现。

我现在是做贼的心态，得到了一个不该我得到的东西。你看我要是现在完全不上台了，硬出去接广告，多少钱的都接，这钱也还能骗两年，反正报价就跟着一直跌，也还是比写稿要高。你说这讲理不讲理？我们写稿子的人怎么了？就跑去说一句"这车好啊！"，钱就到手了，这话谁不会说？市场真是招人喜欢。我后来就给自己定方针：综艺，几乎除了本公司的哪儿也不去；广告商演的活也是，上海以外的也不去。

要是我一笔一划写出来的，这个钱你给我，我觉得踏实。我想想我就会这个，别的我啥行？我写小说，我又不是没写过，我写了一百多万字，挣了一百六十块钱。我签出了一本小说的合同，应该是2019年10月份交稿（说话时是2021年7月）。打游戏，我这技术累死也打不过职业选手。电视剧我倒是能写，写40集的剧本，得加入团队，我受不了，我就说脱口秀还行。起码我们都是职业选手，在这件事上可以在乎在乎。

真是太狗屎运了。要是没碰上这份工作，我会活成一个三和大神。网上段子说"出来混最重要的是你得出来"，我看到的时候逗死我了。要是留在老家工作，我活不到四十，不会跟领导溜须拍马，跟同事也都处不好，业务能力也不行，早憋屈死了。我那些中学同学，在22岁入职，23岁就把精气神磨没了，学得贼快，学的全是些没有用的，变得贼油，太厉害了，怎么会学得这么快？我爸都不会，你就会了，太厉害了……

插话之一

就像这上坡和下坡的时代

贾 → 抱歉，要说我自己。我就是建国说的22岁入职，在23岁就变得贼油的那种人，一直这么活到了小40岁。我猜建国这30万的说法大概有两种来历：

一个是这是当地民间传说里可以让他进老家单位上班的数字，如果一切顺利，会在未来十年里以工资形式发回来；另一个是他用不考虑通胀的算法——一种很流行的、很可爱的算法——30万足以让他在老家活十年。过那样一种日子，十年还不够吗？

　　在几天的长谈里，建国和程璐、呼兰、庞博共同提到一个词儿——幸运，然而含义各不相同。庞博说的近乎本意，他说什么问题都要先回到本意；呼兰指的是按规律做事所应获得的大概率结果；建国说的则是"幸存"，是从一种辽阔苍凉的日子和地方里莫名其妙地脱逃。他谈起老家时，如同一个幸存者讲述死去的同伴，他相信自己终归要回到他们中间。那是这样的一个地方，你活着时奋力逃脱，你死前回归她的怀抱，"仁厚黑暗的地母呵"，每个人度尽的岁月都像倒影一样清晰。

　　建国惶惑于那个男孩为什么幸存，我劝他多感谢自己。

C

**我是吃
百家姓长大的**

贾 → 忘了谁说的，大意是"你这人一辈子活的就是那几个最不像你的决定"。

诞 → 说得挺好。

贾 → 你本来循规蹈矩的，突然有一天干出一件别人眼里发疯的事儿出来，就那一刻才是你，其他的时候你都不是你。

枪 → 通常，一部电影演的也就是那几个瞬间。

贾 → 在这一刻，人物到了一个他回不去的地方，情节也只能向前走。

诞 → 脱口秀演员很大程度上是退出主流生活的人，只不过我们现在活得还行而已，你如果活得不好，你就是一个退出主流生活的人，在旁边观察别人的人。

贾 → 这在我们那儿好判断，看有没有人求你办事儿。如果没人求你，你也啥事都办不了，除了搬家的时候可能去给人搭把手，那你就属于退出生活了。

国 → 在东北，完全没人求你办事也是很难的，我表哥楼下烤串的，我表哥都有人求他办事。

枪 → 笑果的签约演员编剧里，东北人比例大吗？

国 → 东北人多，东北人的喜剧是一脉的。我其实是跟赵本山一脉的，跟沈腾、赵四都是一样的，但是呼兰那一脉喜剧很不东北。

诞 → 因为他离开东北早。十几岁就到上海上学，后来又出国，王勉也很不东北，他写的活儿很新。

国 → 王勉是齐齐哈尔人，我籍贯也是齐齐哈尔，所以我对他了解挺多，他的喜剧也不是东北一脉出来的，不过他的整个灵魂跟东北有重叠，呼兰几乎没有。我的出口都是东北的。

枪 → 你们最早写段子、说段子是从哪儿学的？

国 → 郭德纲的相声，你的"六里庄人民广播电台"。

诞 → 模仿肯定有。

枪 → 我最早写跟段子有关的东西，是从胡淑芬、猫少爷、小蔡他们那拨人来的，就是当年《东方夜谭》背后那群人，他们是从哪儿来的我就不知道了，当时在我看来那是横空出世的一群人。

国 → 《五环之歌》是你写的吧？

枪 → 不是。好多年没提过这事了——《五环之歌》的始作俑者是我的好朋友石不该老师的一位前同事，叫老杨。这位杨老师我见过，也是位满嘴邪包袱的人。据说当时是他们一起去一个朋友家里玩儿，他站在冲着五环外的一面窗前，随口就唱出这么几句来，石老师听见了，把它记下来了，我又把它转到了我的"饭否"上。应该是被那些老师看去了吧，反正后来就有了那些段子里的"我创作了一首《五环之歌》"。

国 → 对。

贾 → 二人转这点还比较好，唱二人转的不会说"这是我的创作"，他们不太追求自己好像也有能力创作的形象。

枪 → 二人转演员台下是非常平淡的。（向建国）你特喜欢周云鹏是吗？因为我没见过别的脱口秀演员学相声、学二人转的，只见过你学周云鹏。

国 → 对，我特喜欢他。但是只能用一次，因为自己会有一个自我审查，第一次致敬得报人家的名，得说我是模仿人家的，再用就真得给人家钱了。

枪 → 没事，周云鹏已经滋养了一代演员了。别说田娃，赵本山的《火炬手》也是学他。

国 → 外部的幽默营养还包括小时候看的日本漫画，里面都是邪包袱，你会觉得"这都什么玩意儿？"，但是特别好笑。来历很多，非常多的重叠，我是吃百家姓长大的。（众笑）

枪 → 谐音梗为什么会被大家认为不好？我觉得好的谐音梗很好啊。

国 → 我可记仇，我小时候跟你聊天的时候，你可不是这么说的。我当时都没好意思说，你那时候口口声声说谐音梗这不好那不好的。

诞 → 谐音梗这件事情我解释过很多次了，也是从工作出发，很多人写谐音梗顺手就能写出来，技巧方面就不去磨炼了，我从来不反感好的谐音梗。还有一个目的就是给建国做出来了一个身份。现在，谐音梗这事儿就是他的了，以前是所有人都讲，现在是有人讲谐音梗，大家就会想起他来。

国 → 我特别受益。实际上写出好的谐音梗也很难。

枪 → 做脱口秀和喜剧是让人更有力量还是更没力量？喜剧是个给人力量的东西，还是一个让人更无力的东西？

D

我有一个捷径是恨自己

诞 → 首先他能给别人力量，至于自己的话，看阶段。在舞台上有时候是需要恨的，要是没有恨，你在舞台上就没力量了。

枪 → 佛系脱口秀是不存在的？

国 → 有，不好笑。心里有恨、愤怒、嫉妒都行，正面的其实也行，但是我就没见到有正面的，"你们为什么不快乐？跟我一起快乐"这个情绪足够努力的话也行，但是到哪儿去找这样的人？那就不是个人，他凭什么？

贾 → 正面情绪几乎没有好笑的，现在想想。

国 → 也对。我有一个捷径就是恨自己，骂，我自己骂我自己，很安全，也很上劲，观众的反应也积极，而且我是真恨自己啊，所以就很舒服。但是你对外部的恨就不能那么去说。

枪 → 你在台上恨自己、挤对自己的时候，也是痛快的、是愉快的，是一个发泄吧？

国 → 对，因为挺看不上自己这样的，优柔寡断，没有毅力，鸡毛都没有……

枪 → 比如说像程璐，我们今天下午聊他离婚这个事，他在台上讲。如果你有这样的事，你会在台上当众说吗？

国 → 肯定会，要使劲说，可逮住我能说的事儿了我。我本身是个没有事但会有脾气的人，真能言之有物的话，还是很好使的，我言之有物的时候，写得就特别顺。

罗 → 但是意识到享受的时刻就很不幸了，觉得不应该这么享受，会吗？

国 → 可能是。就觉得有时候也不能把自己给逼死，咱也没有那么大的责任，也没有那么大的能力，就不背那么大的压力，凭啥啊？

诞 → 我这两年没那么恨自己，也没啥想讲的，不知道讲什么。

贾 → 程璐通过在舞台上说离婚这件事也获得了释放是吧？

诞 → 当然。不过，你要是去想"这件事我只要把大家逗笑了就没事儿"，那就全完了。你会失去正常人类面对事物该有的感情。对什么事都一笑了之，这对吗？你是显得有力量了，你挺牛逼的，好像什么都伤害不了你，但只有你自己可以伤害你的时候，自己就会把自己伤害得很深。很多事情一笑了之，这种处理感情、处理情绪的方式，未必是健康的。

贾 → 好在还可以从这里面赚钱。

诞 → 对，只能这么安慰自己。

枪 → 你们在台上会说自己真的痛苦？

诞 → 说。我的专场的四五十分钟里全是我自己的痛苦。然后不管，说完就走了。

枪 → 建国你呢？

国 → 会，少说点。我跟他不一样，我没生活过，我不说痛苦，我没得可说。

枪 → 什么叫没生活过？

国 → 我没上过班。

诞 → 他一天24个小时有十几个小时都在游戏世界里面。

国 → 其他的时间也不跟人类接触。打游戏能很好地支撑精神，支撑得贼坚固。问题是支撑得太坚固了，你梦醒的时候得熬过去，我有好几次都不爱打游戏了，就把自己给逼回去，承认自己还是爱打游戏。还好，游戏一直在更新。

E
我们吃的是闭口饭

枪 → 有一个我们打算向所有采访对象问的问题：什么是脱口秀？如果说不清脱口秀是什么，我们就说说脱口秀不是什么？有哪些东西，你们觉得这个东西就不叫脱口秀？

诞 → 我觉得首先有几个因素，必须传达价值观，必须是现实主义。

枪 → 这俩是必须的？

诞 → 我认为是，是必须的。我有一个很混蛋的解释，就是你只讲你的生活，好笑，你不讲价值观，但这也是价值观，因为你选择了讲这种生活。

程 → 选择本身就代表价值观的一部分。

贾 → 那怎么判断一个段子没有价值观？

诞 → 能听出来的。

枪 → 我就老想举个例子，哪些段子是没有价值观的？

王建国
/
世界上
另一杯最凉最凉的
凉啤酒

程 → 网上的很多段子。

诞 → 笑话就没有，比如我现在转述一个什么网上关于鹦鹉的那种笑话，我也能讲得大家笑，但就是没有价值观。

枪 → 我们下午谈过类似的话题，我还是要提相声，相声里有很多是纯展示技巧的，你听的那个技巧就带给你美感，你也能笑出来，但它确实不表达什么东西。

诞 → 就是，所以不是脱口秀。比如《扒马褂》就没价值观。

贾 → 只有三个角色之间的一种关系。

枪 → 相声界老有人说相声的灵魂是讽刺，这真是胡扯，相声的灵魂根本不是讽刺。

贾 → 再远了不说，从80年代的新相声开始，相声开始有某种价值观了，且不说是不是个人的。

诞 → 现在主流的最受欢迎的相声又都是没有价值观的。

贾 → 但他们的段子也是个东西。特别像安迪·沃霍尔的画，我就给你画100个汽水瓶和罐头，每个都一样，但每个又有点儿不一样。

诞 → 我举过一个例子，那会儿桌上有罐儿雪碧，我说咱就拿这个雪碧来讲：做一个动机，相声会说我这个雪碧好，我拿雪碧煮一碗泡面，然后倒在自己头上，就在那里吧啦吧啦地一直讲，也挺搞笑的。而脱口秀会说"你还喝雪碧？那你对生活放弃了"，就是不一样，入活就不一样了。

枪 → 那你们最早开始做这个玩意的初衷是想表达吗？

诞 → 想挣钱。

枪 → 为了挣钱不得不表达点价值观，是这么个逻辑吗？

诞 → 艺术就是牛逼在这儿了。

国 → 我有一个非常强烈的感觉，不表达、不输出价值观、一点真实情绪都没有就不好笑，很难好笑。这只限于脱口秀，相声、漫才都没问题，一丁点真实情绪都没有也没什么问题。

贾 → 二人转也是。是不是技术越强就越可以不靠这些东西？

诞 → 对。

枪 → 我不认为让人笑的是价值观。今天我看程璐他们当年翻译的《手把手教你玩脱口秀》，我觉得里边只讲技巧，最重要的东西、真正让大家笑的那个东西没讲透，我不认为那个东西是价值观，我认为跟广告里的洞察是一个事儿——就是你要有洞察，那个洞察是人群洞察，有了人群洞察就会有共鸣、有共情，这些东西才是真正让大家笑的那个玩意儿。

诞 → 对，你是一个人，你自然属于一个群体。脱口秀演员是通过一种自我观察实现群体洞察。你说明白了自己就好，你说，自然就有群体来看。

枪 → 那就得碰运气了，就是今天说的这个洞察是不是跟这群听众匹配。

国 → 得有一丁点，哪怕是一丁点的真实情绪。讲自己不信的东西，行，但那需要意志力，我有的时候逼不得已会讲一些自己不信的东西，但坚持不了多久，下来了得病一场。

枪 → 要是你要讲的东西、你真正相信的这个东西是大伙不喜欢的呢？大伙儿就不爱听，大伙儿也不笑。

国 → 我哭的就是这个。

枪 → 我看你的选择是愣讲——我不管了，我就讲了再说。

国 → 那已经是阉割掉了一大截的了。

枪 → 后期被剪了吗？

国 → 不是，是自我阉割，琢磨着这个可能勉强他们能接受，已经偏离本意很多了。没事儿，我们吃的就是闭口饭。我跟刚入行的孩子们说，在线下也不要再讲在线上讲不了的东西了，没有用。

诞 → 跟网络有关系，一段话出去，那个语境是完全失控的。不应该让他听到，但他就会听到。

国 → 我就觉得有一种基本的道理，就是你真想表达你就去表达，你就别坑同伴。我们这儿还有很大一部分人，包括我，就想挣点儿钱，想安安稳稳地过个晚年，这没有罪过，咱们是一起挣钱……

枪 → 写脱口秀是不是非常厉害的消耗?

诞 → 是,废人的。

罗 → 要真诚,哪有那么多真诚。

诞 → 一个专业脱口秀演员大概就是一个被废的过程,就是天天被干。

枪 → 如果是传统年代,完全现场演出可能还好,对吧?你慢慢地攒段子,然后攒个专场你就到处去演。以你们现在做节目的速度,对创作的压力太大了。

F
完成比完美更重要

诞 → 没办法,这是必然的,当年那样在线下演,大家也不开心,去问老演员,肯定是想过现在这样的日子,这是我们自己选的。

国 → 我个人标准是,经过培训刚入行,咱就算半年吧,一个礼拜你还写不出来一个线下演的5分钟的段子,赶紧别干了。

诞 → 大家的观点不一样,我对创作的观点就是,我认为创作你需要不费劲。就是不费劲就能生产60分的东西,稍微费点劲就可以生产80分的东西,然后运气特别好的话,一年可以赚到一两个100分的东西。我心中的创作就是这样,我从来没有追求过100分,我觉得大概能产出60分就合格了,就可以干了。

我认真这么想的。我心中好的创作者就是黄霑、大张伟那种人,不是周星驰那种人,我觉得黄霑、大张伟就是我的学习对象,我不会学周星驰的,会死的。你看周星驰,他的新作品还是在创作。他一定是心里有大恨的人,我就不能理解他为什么还那么拍电影,疯了吧?肯定是心里特别恨。

国 → 我跟李诞不一样,他是坐这儿就能写。我们不行,我们必须得使劲儿,否则我真的是上台以后丢不起那个人。

枪 → 你费劲吗?我为什么觉得你不费劲?

国 → 我越来越费劲。

枪 → 我看你在台上的一些表演,毫不费劲,张嘴就来,好像是也不准备就上了。

国 → 你看我的那一两年是那样，那时候是即兴。我下午四点写，五点半写完，七点钟上台。做《脱口秀大会》第一季的时候不用读稿，后来慢慢知道那不是什么了不起的事情，好才是了不起的事情，你怎么好倒无所谓，就越来越难。你现在看我之所以写得好像轻松，是因为确实写不出来了，梗都挺水，就显得我是瞎写的，不是的，我可费劲了，越写越费劲，写十一年了我都。

枪 → 写十一年听着是挺可怕的。

国 → 很夸张的，你看我这发际线，我的基因是很好的，我们家人就没有掉到这个程度的，我爷爷死的时候头发都比我现在多。

诞 → 他就是奇怪，他对作品的要求确实是100分，所以他整个创作过程极其痛苦。他自己研发一个三集的短剧，悬疑喜剧，特别飞，断断续续，推翻重写，搞了两年，终于磨得自己比较满意了，还是放弃了。

国 → 这个问题源于我人格的问题。其实我90分就行，不是非得100分。

诞 → 在我的《脱口秀工作手册》里，我认为一个比较核心的观念就是"完成比完美更重要"，但这是工作态度，不是艺术态度。因为我的角色比较特殊，我还得张罗一摊事儿，所以我更多强调这个工作态度，艺术是你自己的事，但你要问我这工作该怎么做，我就说完成比完美更重要，你把活儿交了就行，个人创作不那么重要。你能做到多好？你能讲多好？我就经常问，你能讲多好？你能有郭德纲好吗？没有吧，那你就差不多得了。

枪 → 以前奥美，我那个组里边，在后来的那几年，每年我都给大家放一遍三谷幸喜的《广播时间》，我认为那个片子里讲的一些事情对每个天天吭哧吭哧以写东西为业的人都特别重要。有一部分就是你说的这个道理，你硬着头皮也得上，时间到了，你就得交活儿，就得完成，你觉得丢脸，你这个东西也得给我做完了，还要署上你的名字。

诞 → 就得不要脸，这是一个过程。我就理解不了拖稿。

枪 → 你是从来不拖稿的？

罗 → 对。他效率非常高的，做决定、改得都很快，不会犹豫。

国 → 他说是这么说，他还是那个标准，他即便这样了，也比那帮子人高。

其实那么熬出来之后的东西也确实没有变得多好。

诞 → 自己体验过之后觉得没必要，"艺比天大"这种话我听不进去——说什么呢？天最大。

G
我是一个编剧型演员

贾 → 建国你打算做专场吗？

国 → 不。

贾 → 为什么？

国 → 我不会脱口秀，我做什么专场？我只会改稿子，我只会写，我不会演。

枪 → 那你搞个改稿专场，就这个专场的所有稿子都是我改的，你们说吧，来，我就坐旁边瞧着。

国 → 我去线下讲不好，我每次讲不好对我的灵魂损伤都很大，我去线下就觉得基本上没有太满意的成绩，一两年只有一两段自己觉得还行，去线下的结果是我的灵魂受到了损伤，我却没有得到什么。

贾 → 观众乐并不让你开心？

国 → 如果这个东西我真的觉得我写得太好了，我还是挺愿意讲的，讲完之后，他们一乐，就是互相鼓励，是我把东西分享给你。可是我又写不出我自己认可的，那就算了。我知道用一些邪招也能让他乐，擦边球什么的。不去线下也是一个回避，我很害怕成为自满的人。同样的段子，我来说跟一个没有名气的演员来说，就算我的表演还比人家差一些，现场效果也是我好，因为我比他有名，这不行，这哪行？那我没名的那天咋办？活不活了？

诞 → 所以从现在开始就死。

贾 → 你说你为啥不先享受一会儿是一会儿？我那天看一个纪录片，一头老虎抓一头牛，这牛在脊柱被咬住之后，赶紧吃了两口树叶，这牛是个哲学家。

诞 → 王建国因为怕老虎咬，从现在开始就不吃草了。

贾 → 对，因为怕被老虎咬死而把自己饿死。

国 → 我为了能获得自由，愿意牺牲一点自由。

诞 → 你也是哲学家。

国 → 这会儿更容易找到支柱，更容易坚定这件事。

罗 → 你说多看书有没有这个功效？

国 → 没有。书里有方法论，但没法想通……

贾 → 你看书肯定比苏格拉底和孔子多，你就想想这个事儿。

枪 → 我从来没这么想过，好像还挺有道理。

诞 → 我经常这么想，我说我的知识，我的一切一定是比悉达多丰富的，悉达多是怎么认识世界的？悉达多是想通了。

罗 → 没想通但没有耽误你固执，这是哲学家的特点。

国 → 我是很固执的，太固执了。

诞 → 多做一点身体上的事情。

罗 → 最近我就想组个稿子，请一些脑力工作者，讲讲自己对身体的理解。前两天跟项飙老师聊，他就说太极还有瑜伽是一种内观，在这种人和自己的关系里，发现身体是很重要的一个内容。

诞 → 当然了。人是——说难听点就是很贱——适应性极强的一个东西。佛教讲戒定慧，前两个都是在讲身体，这也不要吃，那也不要吃，每天早上起来做功课，晚上做功课，其实上什么课不重要，每天规定时间早起就是戒，定就是坐着，好好坐着，不许弯腰，必须坐着，都做了你就有智慧了，特别简单。

贾 → 我理解建国的感受，不过我估计在这个行业里，恐怕没几个他这样的人，这点很矛盾，要是想办法合理化的话，就得给建国起一个类型，他是一个什么型的演员？

国 → 不是个演员，我其实是个编剧。

贾 → 对，编剧型演员。

国 → 这还行，很精准，这一章节叫"我是一个编剧型演员"就完事了。

枪 → 对，我觉得今天一连听了六七十个标题，大家满嘴都是标题，没正文，都是标题。建国，如果编剧跟演员挣的是一样的钱，你愿意当编剧还是演员？

国 → 编剧，肯定是10000%编剧，一半就行，不用一样。我还是偶尔会去演一下，也不能完全断了。

枪 → 大多数人是想当演员的是吧？有没有人加入你们公司就说"我想当编剧，我不爱上台"的？

诞 → 我们公司有三个这样的。

枪 → 非常少。我可能会是想当演员的那种人，最好是别人把段子都写好了，有一堆好编剧伺候我。

国 → 我们有一些情绪挺有意思，我和老程，尤其是我，可能从2019年开始就有一种浓烈的愤愤不平，就是对读稿会这事，心想："我凭什么？我读一天陪一天，我还得自己比赛的稿子不写，先给你们读稿改稿？"

枪 → 现在在比赛里淘汰了，你自己会有情绪上的波动？

国 → 比想的还是要失落。因为想的太不失落了，自己的活儿不行，淘汰是非常能想到的。没有去年（2020）那么难受，去年都疯了，淘汰这种事还是一回生二回熟的，也就没事了。我后来想来想去，强烈地觉得公司没我是真不行，大家都对我挺好，不能让你们死了，然后我就干吧。

等我把那些不平去掉了之后，还是感觉到这是我一个特别强烈的自我实现，我现在真觉得自己讲段子比不上人家，但是到目前为止还是比大部分人改段子好。你说我不干点正事儿，没有拿得出手的工作，那我是谁？感觉我这个人就没了。

诞 → 是成就感。

罗 → 你其实是个编辑。

H

熘肉段之神
· 李雪琴 范志毅 罗永浩
· 马三立 王朔 梁左

枪 → 你做菜的那个视频栏目还做吗？

国 → 不做了。

枪 → 你是做那个愉快还是说脱口秀愉快？

国 → 如果那个是对的导演，对的资方，那个愉快。我的拿手菜很好吃，我说我是东北菜熘肉段之神，李诞说："你这个神好意思跟别的神打招呼吗？"

贾 → 你会按照那种写段子的技术模式写还是直接就写？

国 → 我没有，啥也没有。我就是等灵感的人，我到现在为止用技巧写的东西都很差，勉强在及格线的上下跳，很多时候不及格。没有灵感也没办法了的时候才用点技巧。

贾 → 你看你当年写100多万字的小说不白写。

国 → 不白写。

诞 → 就是写，写够量。

枪 → 我在想一个反例，比如说雪琴是不是没有经过天天写的阶段？

国 → 没有。

枪 → 一上来出手就是那个水准？

诞 → 大家给她修改，不用她出手就写成那样了。

枪 → 但是在表演上？

罗 → 那个状态完全是她自己的？

诞 → 她状态好，但付出了巨大的精神力量。

贾 → 她很不愿意上去吗？我有时候不愿意看她出来，不是觉得她不好，是她的表情告诉我她真的不喜欢待在这里……

罗 → 已经很难受了。

贾 → 对，我看着心里怪难受的。

诞 → 那就是要哭了，经常讲完下来在后台一哭哭一个小时。

枪 → 那不还是你们给拉来的吗？

诞 → 大家被推着走，没办法。她之前一直拍短视频，表达说话是有常年训练的。

国 → 雪琴不能一直说脱口秀，太消耗了。

诞 → 这玩意当然有天才了，我觉得范志毅就是天才。

国 → 范志毅真不错。

诞 → 表达肯定也练过多少年了，他经常接受采访，到处讲话，但是这种喜剧感觉我觉得是天才。

贾 → 他平常说话也逗吗？在底下。

诞 → 不逗，其实你看他在舞台上也不逗，他很严肃，所以好笑，太牛逼了，他不是想逗你，他就这么说话，这个感觉特别好笑。

枪 → 罗永浩也是日常说话节奏感就好。私下里罗老师不是永远那么幽默，但他的节奏感永远都很好。他的表达永远让你愿意往下听，这太难得了。

国 → 他的什么"罗马里奥"这些话又很东北。

贾 → 东北人的邪包袱。

国 → 对，跟赵本山又是一脉的。

贾 → 你们觉得脱口秀对中国语言有影响吗？

诞 → 当然。

枪 → 他（王建国）摇头，你（李诞）说当然。

国 → 我摇头是认为摇头安全。

诞 → 脱口秀我不知道，《吐槽大会》绝对改变了很多人的语言。

枪 → 不只是语言，还有很多人的姿态。

诞 → 对，辐射到生活里之后，很多人都这么说话了。它是改变了的，但这个改变牛逼不牛逼就另说了。

贾 → 脱口秀和书面语又是啥关系？比如你觉得脱口秀文本和当年王朔小说有没有点儿关系？

诞 → 没啥关系，跟梁左有关系。

枪 → 其实我觉得跟梁左也没有关系，不是一个路子的。

贾 → 梁左还是有一种特殊的书面质感，和《红楼梦》的关系很明显。

诞 → 早年间有一帮写小说的这么写，就是先贫了吧唧地写一段，然后反一下，一句反一下，营造出一种潇洒轻快的氛围，我想不起来是谁，就是最早的网络小说。

罗 → 痞子蔡？

诞 → 可能是吧，影响说话这玩意儿没什么牛逼的，"yyds"（永远的神）也在改变说话方式。

贾 → 我觉得脱口秀比"yyds"的价值高，这类网络流行语的质感普遍很差，咱不能说因为这个东西代表了大众和平等就不能批判它了，脱口秀起码没有败坏中国语言。我家小孩儿会说一种奇怪口音的东北话，不是跟我学的，是从抖音、B站上学来的，我又不敢不让她说，否则她没法跟同学交流。

枪 → 在论坛、微博年代，很多人是从写出来的文字里学说话的，他们的家乡方言以及他们所处的生活环境里是没人用这些词汇的。现在大家又开始从抖音、快手、B站学说话了。

诞 → 我第一次被语言艺术征服，笑疯了，想把字打出来一个一个看，是中学时候在凤凰卫视上看到的郭德纲相声。后来还有吴宗宪，他那些成人笑话我全听得懂，觉得我长大了也要这样说话，甚至当时就开始那样说话了。后来十几年过去，发现他们还在这样说话，挺忧伤的。

枪 → 你们的幽默感会过时吗？

国 → 已经过时了。

诞 → 语言一定是更新的，肯定会过时。一个是语态过时，还有一个就是你的观众也老了，他们不说话了。

罗 → 你们觉得脱口秀能干多久？

诞 → 让干多久就干多久。

贾 → 我总觉得脱口秀应该是到了中老年会说得更好。

诞 → 会更好。

贾 → 你看到过的老头儿，有没有几个是让你觉得你愿意活成他那样的？比如国外的脱口秀演员？

诞 → 马三立就可以，他就是说脱口秀的，我就让何广智天天看马三立，我说你学他就行了。

贾 → 马三立有种状态，不只是松弛，也是一种弹性，那太厉害了。你说他看着松吧，一拽中间，两边立刻跟着就弯过来了……

枪 → 我最早见贾行家老师，我没问他什么时候开始听相声，我问他什么时候开始不听相声了。

贾 → 德云社大火以后，台下全是起哄的就没法听了。

诞 → 我就不会听相声。

贾 → 你要学相声你就说不好脱口秀是吗？

诞 → 我就是不会听。

贾 → 我觉得相声的技巧特别容易让脱口秀演员失去体感，相声和脱口秀的基本单位好像不一样，一个把相声技术学全了的演员去说脱口秀会不会很麻烦？

国 → 但是刘宝瑞的东西完全能听得懂，我是这么觉得。

诞 → 我听着能睡着，听着听着就睡了。

枪 → 他就带给你一种非常舒服的节奏，你是跟着那个节奏慢慢沉入你的睡眠里去了。

诞 → 王玥波的书我就没听完过，都是听到一半儿睡着了，特别喜欢听，每天都听。王玥波好，王玥波的好能听出来。

枪 → 以后脱口秀这个行业，咱不说师徒制，但是——要跟着师父学吗？我想学脱口秀。

诞 → 有人愿意我们拦不住。我们有训练营，我们有老师，但不是相声那种，气质特别不一样。我们现在的训练营，你听我们的课，就明白怎么回事了。前三天的课是庞博先讲一遍，孟川讲一遍，我再讲一遍，讲三种完全不一样的脱口秀创作方法，你们爱听谁的听谁的。我写的那本手册就是我认为脱口秀是什么而已。

国 → 看过，那个手册也是特别让人痛苦的，懂的人不用他写了，不懂的人看了也不懂。

给自己留句话
· 等将来的那个人

贾 → 徐皓峰的武侠小说里喜欢写一种情节：一个武人去见另一个武人，说我不和你动手，我给你练一段，你给我一句话。这个挺重要，年轻后生不跟前辈学啥，就求一句话。这句话就像新人看李诞的手册，可能现在听不懂，你记在心里练自己的去吧，什么时候你一下子碰上这句话了，就来到了一个新的地方。建国，让你现在给新入行的人几句话，会是什么？

国 → 现在的孩子我觉得真是孩子，刚毕业的二十出头的，不能一来就想着"我要挣大钱，我要多牛逼，我要红"，这样是红不了也挣不着钱的，你得想咱不管是文本还是表演，咱这块东西怎么能做到接近好，然后钱会自己来。如果上来想的就是"老子要变成大明星"，那完了。脱口秀行业这几年发展得有点好，抱着这种心思的人就会越来越多。

贾 → 他听说这行干好了可以赚大钱，不可能不想。

国 → 我们的才华没有那么强，像我们这种程度的创作者不能想太多的事儿，我们的脑子很单一，想一分别的事，就少一分创作的感觉。欲望不强，人走不动，但他第一步不能这样，除非是大才，那得是多大才？干这行的人，要么靠有病，要么靠才华，我越来越觉得有才华的人少得可怜。

罗 → 有才华的人去哪儿了呢？

国 → 有才华的人本身就少，除非咱们把才华的界限放宽，比如商业才华也是才华。

诞 → 刘天昭有一句话说得特别好，"有才华，才华是个负担，没才华，生命就是个负担"，我听完了就放过我自己。

国 → 我最担心的是脱口秀行业的将来，我怕它没了。

枪 → 目前看起来这个行业是蒸蒸日上的，很多年轻人都踊跃地进来。

国 → 以咱们的经验来说，有了这种迹象，是不是就要出问题了？

诞 → 居安思危，很好。

枪 → 我觉得现在这个人数、这个队伍相比之下还是很小的。

诞 → 还是在很初期的初期，现在高手还不够多，全中国卖过票的，不管你卖多少钱吧，只要卖票的就算，一共有465个人。

枪 → 能精确到个位数？

诞 → 我们调查统计了，太少了，少到荒唐。

贾 → 和你们有业务联系的有多少？

诞 → 我们公司签了将近200人。我们也尽量不去求着人家说"我想签你"。人家签了也可以撕，没意义，你让人觉得你这个公司牛逼，比如你的节目做得好，线下演出做得好，人家就愿意加入进来一起赚钱，那就行了，那个约签成什么样反而不重要，不签也行，不用非把人家扭过来。我经常说我们运气比较好，但我们这一代是炮灰。

枪 → 你们这一代是炮灰？

诞 → 对，十年以后，真会有艺术上的高手出现，现在可能还没有。

国 → 这十年你得赶紧跑，要不晚节就不保。我们得老老实实的。

诞 → 就好好把公司开好就行了，等待这个人出现。

THE SECRET TO 庞博 COMEDY

068

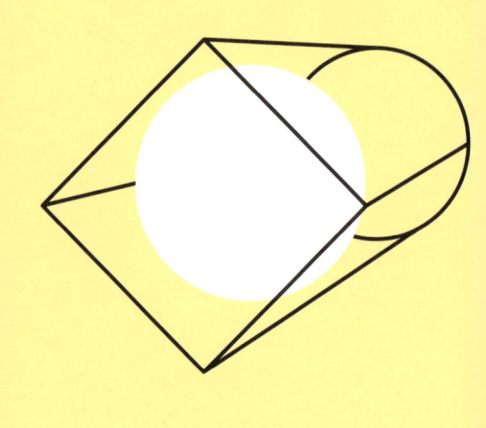

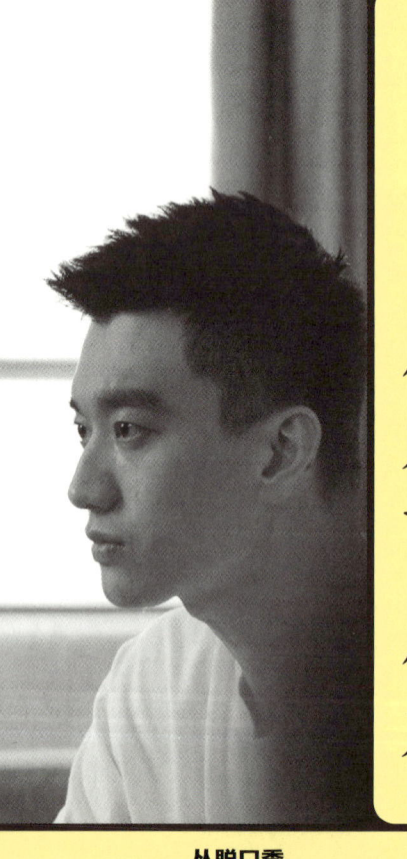

所有的事都是对的 ⚙ 所有的事都是对的 ⚙ 所有的事都是对的

喜剧的秘密：从脱口秀说起

THE SECRET TO COMEDY, STARTING WITH STAND-UP

庞博
/
所有的事
都是对的

整理
→ 贾行家

A

独白
·
我解决完的问题
再丢到台上去

庞 →

我喜欢演线下。

我演过两个舒服的地方，一个是黄浦剧场，另一个是山羊GOAT——那里特别小，是个很黑的地方。我对人数没有感觉，我不用看清观众，因为我不是在表演，我是在倾诉。去年我写了一个专场，只演三四次就不演了，但我觉得挺有意思。专场这件事情对我来讲就是我写了一个玩意儿，把它讲出来，然后，就完了。

我的专场就叫《三件小事》，写的是发生在2020年的三件事：一个是这一年我自己身上发生的情况，我因为讲了一个段子，跟另外一个艺人的粉丝有了一些争执，所谓网络暴力；另一件事就是我在疫情期间看到女性医护人员需要卫生巾的事，大家很晚才意识到这是一个问题；第三件事是有一天王思聪来看我的演出。就这么简单，就这么三个事。我写完以后挺开心，演了三四遍之后不再演了也没什么遗憾。

脱口秀（单口喜剧）演员开专场大多有一个自我证明的情绪："我可以写专场。"另外，我觉得专场应该长这样，不是他们写的那个。"专场就有一个小时"是个很愚蠢的标准，我很固执地就只写了45分钟，足够把我要说的事说完。

我就是想在台上讲这些事。比方说女医护人员卫生巾那件事情，我觉得很荒谬，为什么会这样？大家平时都不讲这些事，电视里的卫生巾广告也很奇怪——为什么这个女孩子跟她的朋友在耳边窃窃私语了几句，她就突然生龙活虎了起来？再舒服也不至于在马路上那样跳起来吧？最荒诞的是这个事解决起来也很奇怪。我看了一些新闻，最开始试图解决这个问题的是一些流量明星的粉丝团。他们在解决这件事情的时候，用的是我们觉得很奇怪的行为方式，效率特别高，因为其他家哥哥的卫生巾已经送到了！我最后的梗是："卫生巾不是解决流量问题的吗？卫生巾的问题就是流量问题来解决的。"把这个荒谬扔回给听众，因为这是我们所有人的责任。

这三件事，我都需要讲15分钟才能把它讲明白。我为什么要做这个专场？有一个原因是我觉得我们在线上节目里能探讨的话题还是比较少。在剧场里有更大的空间，这是我希望在剧场里演出的内容和方式。

我觉得不能在台上发泄愤怒，那种发泄也不解决问题。一定要这个问题我先自己解决了，才放到台上去讲。

有必要说明一下：时间是2021年7月13日下午，地点是上海皋兰路笑果公司李诞的办公室。主要办公家具及用品：靠门摆着张一米八乘两米的厚床垫；床垫对面是只坐进去就会陷进最深处的长沙发；沙发一侧立着只简易书架，架上摆满了酒。这个十平米大小的房间最适合几个人散落在各个角落喝那些酒，其中最引人注目的酒坛子造型比将军罐略矮，正面居中用醒目的粗体写着两个黑色大字：
"李诞"。

B
你先让我忘记
我那个标准答案

庞博 × 东东枪 × 贾行家 × 罗丹妮

枪 → 这么个坛子……它不是很奇怪吗?

贾 → 这个坛子是李诞自己要求做成这样的?

庞 → 肯定不是。最开始放在那个桌上。我们每天来这个屋,"火化了也不告诉我们,什么情况?"

贾 → 挺好的,天天对着这个东西,适合悟道。

枪 → 送一个这个不是很奇怪吗?把名字放中间,还一边摆一个啤酒(像蜡烛一样)。我拍一下这个坛子。庞博你能抱它一下吗?

庞 → 我能,但是咱们有这个必要吗?

枪 →(摁快门)好的!

庞 → 这个世界上有很多人不开心。帽子上再带几个红绒球。

枪 → 还是要从基础知识问起:你最早是怎么喜欢上这玩意的?怎么做上这个的?

庞 → 这不算基础知识。你先让我忘记我那个标准答案。我的标准答案是:我2007年到上海上大学,那时候正好网上开始有以谷大白话老师为首翻译的视频,是那种说一段新闻、再找一个嘉宾聊聊的talk show节目,比如囧司徒(Jon Stewart),后来又看了黄西、罗素·彼得斯的单口喜剧视频,他学各种口音都很搞笑,接受门槛比较低。

枪 → 那时候你没有想过自己去做这个?

庞 → 没有,也不知道这个东西是能做的,不知道这是一个行当,或者是一个可以实施的东西。我想出来的笑话只是跟我的同学分享。

枪 → 说说那个不标准的答案,更早喜欢的喜剧是?

庞 → 丹妮老师是秦皇岛人,可能知道我们河北卫视那时候中午流行放一些相声小品集锦,把春晚、各地晚会的相声小品、曲苑杂坛拼凑成一个集锦,那会儿就觉得很有意思。买杂志我也是先看《读者》中间那两页。

罗 → 昨天和程璐也聊到了《读者》中间的两页,这是大家的共识。你中学时候在同学里算是比较逗的人吗?

庞 → 我中学算是比较活跃的,但是未必算逗的。我又是班长,就不是那种逗，但是跟同桌、朋友在一起会比较逗。

贾 → 你会自觉地把自己定义成一群人里那个负责逗笑的人吗？

庞 → 我不太会，我也没有什么才艺。

枪 → 你喜欢看谁的相声小品？

庞 → 我们小时候看的，现在回忆起来都是很厉害的演员、很好的作品。比如赵本山。

枪 → 你先提赵本山？不会先提那些西方脱口秀大师吗？

庞 → 因为我看那些脱口秀大师的时候，已经是有意识地在看了。但是咱们过去看郭德纲、赵本山、陈佩斯这些老师，我是没有意识地、纯快乐地在看，觉得太好笑了，就是这种，坐电脑前笑得跟傻子一样。

枪 → 你觉得他们对你后来的喜剧感觉有影响吗？

庞 → 我觉得肯定有影响。而且那个影响应该比西方的演员重要，因为那是中文的喜剧。

枪 → 真好，我特别喜欢这样的结论。

庞 → 英文用逻辑让你觉得好笑是容易的，预期违背是容易的。赵本山看起来不用预期违背，这个太厉害了——他其实也用，只是藏得更深。比如说《拜年》，有一个大家都喜欢的地方——范伟说自己不是乡长了，老两口以为他让人"撸"下来，赵本山只说了一句，"啊，下来了！"所有的剧情反转，三个人的反转全都在这一下子！

贾 → 这个包袱的原理是什么？为什么这个地方我们会笑得那么厉害？

庞 → 我觉得是过瘾吧。按脱口秀原理，可能是压力释放，就是人物互换，小人物翻身了。只是一分析原理就没劲了。

贾 → 确实是一分析就没劲了。在我们东北，这个场景在现实中不会出现。

枪 → 它是大家心里暗地里进行的一种情景。

贾 → 对！

庞 → 谁不期待一直欺负你的人倒霉，是吧？

贾 → 在现实中，那些人下来，不会让人有机会当他面说出这句话，你可能就是怎么也见不着他了。但是赵本山在舞台上给露出来了，他从来都不是夸张的，就是给露出来。这个包袱多好啊！

庞 → 这一类梗真是分析不出来，它基于整个作品，我猜他是不是写了一个作品就为了这一个梗？或者是他先想到了这个梗？我自己写段子，我就是想写出那一下来！

枪 → 我猜不是文本阶段能写出来的，八成是他在排练的时候排出来的，就是现场才找到那个状态，说出来这么句话。

庞 → 很可能是排出来的，戏剧结构一定要在那里反转。但是你怎么样才能把这个反转最快地扔在观众脸上？直到我自己做这行才知道这句台词和表演有多厉害。我十来岁的时候看，能听懂、觉得好笑的是"王八按个儿放血"，我可能到十八九岁特别愤怒的时候，一下子觉得这个牛逼，想到他是在讽刺什么。然后我再大一点，又发现他其实也不是在讽刺什么，那就是一个正常人的正常生活和反应。我觉得《拜年》比《卖拐》要好一点。

C
我不伺候谁也能过得很好

枪 → 相声演员上台要鞠躬，过去要说"我恭恭敬敬伺候您一段什么什么"，脱口秀演员为什么上台不鞠躬，也不会说"你们是我的衣食父母"？

庞 → 因为我不伺候你也能过得很好。事实上观众也不是我的衣食父母。

罗 → 我觉得是人的关系不一样了。

贾 → 交换关系，我给你们笑声，你们接受了要买单。过去是一个无法想象平等关系的世界。

庞 → 但很多演艺行当还是这样，还是"衣食父母"式的逻辑。

罗 → "爱豆"和粉圈的生态又不一样。

枪 → 脱口秀现在有没有粉圈？有没有人把你们当作"爱豆"？

庞 → 没有吧。首先你要触及足够多的人，我们没有去运营这些事情，我们也没有接受过"衣食父母"式的训练。

枪 → 那你是什么时候开始比较投入地进入脱口秀？什么机缘让你决定把主要的、能支配的时间都放在这件事情上？

庞 → 在时间线上，我是2018年3月份辞掉原来的工作、职业说脱口秀的，具体是从2016年开始讲脱口秀的。我跟枪总认识是第一届《脱口秀大会》的时候，他来做嘉宾评委，我那时候还在上班。那是一个点，就是觉得可以认真地从事这一行了，主要也是跟这个公司也好、团队也好、朋友也好，我们一起做了一季《脱口秀大会》，又一起做了一季《吐槽大会》，就感觉可以了。

枪 → 你觉得自己做这一行已经成熟了，同时各方面的条件也成熟了？

庞 → 对。它也能赚到钱，可以作为一个职业做了。当然，作为一个爱好我也可以一直做。

贾 → 也跟整个时代，跟娱乐市场的发育有关。这个职业很快成型真是个奇迹。

庞 → 对，这也不是我能控制的。我其实就是非常幸运。像程璐之前就干了好多年，漂泊在各种平台，那时候还没有职业化的机会。

枪 → 你说的幸运在我看来，有一部分是个人的成长跟时代的结合。

庞 → 你也要考虑到历史的进程。而且历史的进程明显是更重要的。

当日稍晚，李诞单独接受采访，谈了他记忆和印象中的庞博。

D

**李诞：
我亲眼见过他
人格破碎**

诞 →

庞博在线下讲了一段时间，就来了我们第一届的训练营。他从训练营开始就是冠军，一出发就比较厉害，这行跟绝大多数行业是一样的，你智力高是很容易、很快就可以突破一个80分的线。

庞博和呼兰都是讲了没几个月，很快大家就发现了这个演员可以，自己会总结方法，但是他们也有另外的问题，一会儿再说。我没见过跟着书学方法学会说脱口秀的——应该有，讲得不好的应该有。（庞博和呼兰）他们就是学东西快，是内化的，肯定是有自己的学习框架和方法。呼兰就是在网上看看《今晚80后脱口秀》的过往合集录像，看完就会了。就这么点事，这有啥好学的？每行每业都是这样的，选择好的数据，建你自己的模型，后面就不断地完善，慢慢就好了。他们自己不知道那是学习，从小的生活就是这样的。

训练营结束，庞博就直接开始参加《脱口秀大会》。他当时还在一家软件公司做程序员，工作也很顺利，他这种性格和人生经历都是好孩子的人，很难做出一个全职（说脱口秀）的决定，最后来找我谈。我记得很清楚，我们是在一个棚外边的商务车上，我跟他聊了半个多小时。我说："你要不要先试一年，再回去干软件？你有什么损失呢？没损失，没什么可失去的。"他说好像对，结果他就干了好多年了，不可能回去了。我知道他来了就不会走，就是不在我们公司干，也会一直做这件事，他是真的发自内心地热爱这个东西。

我们公司现在（像他这样的）很多了，当时只有庞博和其他几个是好学校毕业的，但是为首的是我这种坏孩子，对好学生是没有任何尊重的，他会有一种被孤立的感觉——他和呼兰不一样，呼兰是好学生里的社会人儿——公司里的人会拿他的交大学历猛开他的玩笑。没有人因为你的学历什么的而高看你一眼，只有你的段子讲得好才会高看你一眼。他可能有一段时间都很难接受这个事，他很长时间说话都没有一个脏字，也不喝酒，觉得在这个公司做一个规矩人很难受。

庞博中间也经历了一些挫折和迷茫。脱口秀这个事不难，聪明人可以靠智力、靠天赋、靠勤奋，很快做到80分；但是80到100分的难度陡然就上去了，人会发疯，也没有师父，也不知道该去问谁，陷入挣扎和痛苦。有时候还会跟身边的朋友关系搞得很不好，或者太在意比赛的结果，就会发生很多争吵，这种现象很正常，庞博他们都经历过。

你问的话，他们不会承认，他跟呼兰都有过非常痛苦和挣扎的时候，就在这个公司里面，我眼见他们人就疯了，人格都破碎了那种。第一个是比赛这类事情确实对演员的冲击很大。第二个是一个人的收入和名气快速暴涨，谁都不一定能处理得好。第三个是人和人的关系会变化得特别快。

比赛中庞博认为谁，哪个脱口秀演员为了获胜使用了不光彩的手段，他也是不能容忍的。他其实是个性格很强烈的人，很有正义感，黑暗的时候也有。喜剧演员说话其实就是玩笑九分真，当面就告诉你了，很多时候情绪都会受到刺激。

　　庞博是一个有道德洁癖的人，会因为很小的事情跟其他演员、跟身边的谁翻脸，一般来说，他翻脸的事是对的，但是没必要，属于自己折磨自己，这就是庞博。

　　时间长了就好了，庞博现在就康复了。水平有没有突破到100分呢？我觉得也没有，只不过他可能已经接受了自己这样也挺好。他的技术和表演一直有稳步的、小小的进步，他很愿意琢磨这个事。

E

**我喜欢
这个喜剧集权制度**

庞 → 我在笑果的身份首先是编剧，我有工资和稿费，然后我演出有演出费，我商业活动的收入就是商业活动的。

枪 → 所以你说脱口秀不管是创作还是表演，其实没有一个明确的学习过程。团队里没有老师这样的角色？

庞 → 对，肯定是没有老师。有很多的伙伴，大家互相帮你判断。（对贾行家）我有点好奇，你写作是有学习的过程吗？

贾 → 写作者经常被问到"师承"的问题，或者说"受谁的影响"。有时候，你可以老老实实地开出一张"影响到我的作家"名单，另外，还有种我喜欢的说法：我中午吃的这顿羊肉，它具体变成了我身上的哪块肉呢？这是说不清的，其中一定有一个"化"的过程，这个"化"的过程究竟是学习的过程，还是自我生长的过程？

枪 → 明白了。

庞 → 对，所以我也觉得很难定义。

贾 → 很难定义。每个好的作者，小时候看小说就是会比别的孩子更痴迷，这个痴迷的过程也是一个"化"的过程。

庞 → 而且你也一定有你的强烈偏好。我非常喜欢这个人的作品，或者我非常不喜欢那一个，即便大家都说很好。

贾 → 我上中学的时候最流行余秋雨的文章，我是一看就不喜欢；我那时候非常喜欢周作人、张中行写的这类"老头儿气"的文章，我也说不出为什么，就是投契。等你看得多了，就忍不住也要去写了。

庞 → 对，所以刚刚枪总说有没有一个学习的过程，我就犹豫了，我觉得我们反而有。你看这些不就是学习吗？我没有感受到这个学习的过程，我没有主动去学过这个判断。如果有，也是看作品熏陶出来的。

贾 → 太喜欢，进入得太深，以至于不像是学习。

枪 → 那么，早期跟你一块做创作的伙伴是谁？

庞 → 还是这些人，就是程璐、李诞、王建国。由于我成长迅速，我迅速融入了他们。从2016年开始讲，到今年不到五年。

贾 → 融入的标志是什么？

庞 → 我觉得是判断。写段子最难的就是判断这个东西到底好不好。我跟他们最大的差距就在判断能力。判断可能是创作最重要的一部分。当你写出来一个东西，或者想到一个点的时候，你就算没有去演，也知道一定会成功。最开始，他们的判断一定比我准。你们应该听过这个说法，很多人都去开放麦试段子，其实段子不是在那里能试出来的。观众笑不笑没有多大的意义，你得比观众的判断准才对。像我们做节目是有读稿会制度的，那是一个喜剧集权。

贾 → 你的稿子在读稿会上被改动得多吗？

庞 → 很多，我在读稿会上很受益。

贾 → 虽然被改得很疼，但是你喜欢这个制度？

庞 → 对，因为我知道它是对的。

贾 → 他们会给你一个比原来更好的方案吗？

庞 → 不一定，有时候就告诉你这个不行，其实你也知道不行，只是写不出更好的，就是抱着一种侥幸，是不是也许它行？但是这种情况基本上不存在，不可能你写出来一个东西，你自己都觉得不好，然后读稿会上别人还说好。

枪 → 我以前在广告公司做小朋友的时候，我的领导主要的职责就是否定我。后来我变成组里的负责人，我的主要工作就是否定别人。

庞 → 就是一个筛子。筛子没法让你做出更好的东西，但是它能告诉你什么是不好的东西，这是很有用的。

枪 → 就是批评与自我批评。

庞 → 不过，我不太接受我不认可的演员给我建议。

枪 → 郭德纲也老说演员不能跟着大家，尤其是跟着外行、观众的意见走。他可能是少有的公开对大众说这个事的演员。

庞 → 还有试图指导演员的不好的演员。还有很多试图告诉演员台上该怎么演的观众。

枪 → 还有很多指导作者的读者。

枪 → 很多脱口秀演员的创作状态，像你自己是嘴里先把它说出来，还有的演员，是在屋里来回地走，一边叨叨一边演出来，跟我以往认为的脱口秀创作状态不一样。我以为脱口秀的文本创作都是要在纸上进行的，写段子是线性的，要顺着逻辑一点一点去推，我觉得随口碰出来太低效了。就比如说《手把手教你玩脱口秀》那本书里，那个逻辑是文本的逻辑，甚至是有写作图表的，不是随口能即兴说出来的。

庞 → 那本书里没有好段子吧？那本书的翻译有问题，应该是"手把手教你写段子"。

贾 → 还有一个问题，昨天我们和程璐、建国聊的时候，发现他俩有个区别：程璐喜欢脱口秀是因为享受大家对着他笑，他觉得是这种快乐的感受带他进入了这个行当，而建国完全是因为喜欢写作文本，不大喜欢现场表演。你认为你倾向哪一种？

庞 → 我更像程璐。他俩完全不一样，程璐是先上台的，建国是吭哧吭哧写了很长时间。我还是更喜欢演，但是需要自己先写出来。

枪 → 如果是别人写呢？

庞 → 那就变成了一个产品。要是我去剧场演，真的跟观众面对面，肯定要是自己写，我觉得这不是一个工作。因为不是我写的，肯定就不是我。不是自己写的，始终会有一些不认同。

枪 → 是从一个单口喜剧演员变成了一个职业演员的感受。

庞 → 有一点。我们公司可能也是这个逻辑，我们本身就是在做两件事，这就像程璐和王建国的那个区别，王建国其实根本不做单口喜剧。

贾 → 他不是从现场成长起来的。

庞 → 对，我是从现场、从开放麦这样一点一点出来的。

枪 → 进入喜剧的方式不同，会造成理解喜剧的方式不同？在你们的表演上，你会看出来这个不同吗？

贾 → 你觉得一直在现场表演单口喜剧和线上的节目有什么不同吗？会像两个派别吗？

庞 → 我觉得线上电视节目的要求更高。因为你的观众不在你眼前，你达到满分会更难。这是我的从业经验让我得到的判断。

贾 → "观众不在眼前"的区别是在表演的发力点吗？

庞 → 不是，为什么在一个剧场里面现场表演会更简单？因为大家已经花钱买票坐在这儿了。

贾 → 有预期。

庞 → 知道你是谁，知道你在干吗。现场观众在看演出的时候，不会拿你跟别的演出比，他看完了，可能称赞，可能骂街，这是事后的事情，但对现场表演来说是简单的。可是你作为电视上的一个节目，观众看它第一是没什么成本，就是点开一个视频，不喜欢就"划过去"；另一个是，观众不只会拿你跟其他脱口秀演员比，还会拿这个节目和其他节目比，也许是和《快乐大本营》比，就太不一样了。

枪 → 广告界有一句话：所有电视广告要解决的第一个问题就是"没有人要看你"。没人是看你来的。

庞 → 对，在剧场演出的时候，有的观众就是为了来看我。

罗 → 你也不用解释你是谁。

庞 → 对，而且最难的那个问题是你要说服观众不把自己"划走"。

F
脱口秀大会：竞争和斗争的区别

罗 → 你是第一届《脱口秀大会》的大王，是吧？

庞 → 对，枪总在现场。

枪 → 我是决赛那几个现场嘉宾评委——还是叫别的什么来着——里头唯一

投票给王建国的，连这都没有阻挡住庞博拿冠军。其实，那年你显然得是第一，我知道建国恐怕得不了冠军，但我确实喜欢建国，觉得他珍贵，我要给建国呐喊一声，就是那么个意思。

庞 → 对。他最接近冠军的是去年。他提前放弃了。

枪 → 你觉得他是放弃？

庞 → 不一定叫放弃，或者是退让。

枪 → 你觉得那个赛场上需要一点竞技精神吗？还是展示自己就好了？

庞 → 我的感受就是你会不由自主地有这个竞技精神。其实这是不好的。

枪 → 在昨天咱们跟建国聊之前，我一直以为——哪怕当时第一季我在现场——建国那个松懈的状态，看起来像呼兰一样放松，我以为他不在乎。

贾 → 这是你们这几个三好学生不能理解的，这个状态我们这种差生就有。我们对考试成绩是在乎的，但同时不会努力争取。

庞 → 怕努力了没有用。我觉得他是另一种放弃，就像刚才说的，他创作的时候非常在乎，但比如说录节目的时间到了还没写出来，他可能就放弃了。他常常在表演那个阶段放弃，而我们可能会持续到演完。没办法，《脱口秀大会》这个节目就是一定要说，一定要比。比完之后，大家会说谁不好笑了，其实不是不好笑，是你有你的观众，我有我的观众。

贾 → 这种比较和竞争背后会有攻击性吗？

枪 → 它是一个"竞争"和"斗争"的区别。

罗 → 你参加了这四年的节目，感觉有什么变化？

庞 → 一二三都很不一样，四跟三可能差不多。不过四才刚开始打，不知道会咋样，我跟王勉分到一组了。

罗 → 后面两季是不是心态上会特别轻松？

庞 → 第二季很紧张，觉得是不是得证明自己。

罗 → 你现在还有要自我证明的压力吗？

庞 → 现在也有，但是会不太一样，或者说轻了一点吧。因为你如果特别想证明自己，肯定是证明不好，你会出现杂念，判断力就会不太准。

罗 → 现在参加比赛还是个人意愿吗？

庞 → 其实是，我要是真的不想参加了，我能预料到他们会反复地劝我，但劝成什么样我也不知道。我也想过不参加的话，我一定会惋惜，大家都在这个高水平的舞台上展现自己，你如果认定自己水平高，你怎么会畏战先逃？

庞 → 做脱口秀比做别的开心太多了。在这个公司的业务里面对比，去演出其实也比做节目开心。

枪 → 等等——去现场演出比做节目开心？

庞 → 因为那个容易。做节目势必会消耗你大量的时间，比如我给《脱口秀大会》写一篇5分钟的稿子，可能要写一个月，然而在剧场就容易很多。现场也没有那么严格的要求，规则比较少。节目的效果是延迟的，我今天录完了，现场有100个观众，给我一个好的反馈，那么我知道它一个月之后播，可能会有十万个观众觉得特别棒。同样，现场100个观众告诉你今天特别衰，这一个月你就会很难受，知道到播的时候没人理你，会有十万个人告诉你不行。

枪 → 老问题，你会觉得即便和几千人的专场比，也还是电视上的表演更难？

庞 → 还是电视难。电视是严重削弱效果的。

贾 → 电视前的观众是孤立的，没有现场的气氛，如果在那个场里更容易被环境带动。反映在本子细节上，有什么样的东西是你在剧场做得很好，但是在电视上就没有效果？

庞 → 最好的东西肯定是通用的，你在电视上能做好，你在剧场里一定能做好。剧场里可以用简单的手段，比如说我跟现场的观众互动。我发现第一排有一个很胖的观众，他也很乐意跟我互动，我们两个来来回回很多回合，现场的观众能看见这个胖胖的人，他们就一定很开心。

贾 → 我常常听一些更倾向现场的单口喜剧演员说，现场表演有一种紧张和恐惧，害怕台下冷场。

庞 → 他们是没有上过电视的台，那个台更恐怖，真的，他们绝对是不够恐惧。比如说一场脱口秀节目里，一个演员演15分钟，在我的理解里是不会在讲到5分钟以后突然间开始跟观众互动的。我讲完了一个关于程序员的事情，我不会说"您是坐地铁来的吗？"但是我们会看到一些剧场里的演员使用这个手段，这不是表演状态的问题，是创作的问题。就是在这15分钟里……

贾 → 不是一个整体？

枪 → 那口气断了。

庞 → 对，很微妙，真的是气断了，他发现跟观众连不上了，在剧场里，我知道我丢了观众的注意力，但在电视表演时是不知道的。在剧场里，连不上了就问问题，问问题自然注意力就回来了。你总归能在第一排里发现一个跟别人不太一样的观众。

枪 → 重启一下——"大家稍等，我重启一下"。

庞 → 对对对，重启一下。最简单的方法是你发现讲着讲着真冷了，肯定有观众低头了，你就质问他："你为什么在玩手机，这不好笑吗？"就是这个熟悉的方式，"这不好笑吗？"

贾 → 多大的电视舞台、多好的演员都会有演出事故，有时候我们看电视也看出来了，你能感觉到他那时候像被扣在一个玻璃罩子里，心里是凉的。

庞 → 公开处刑。

枪 → 你们录节目时看到一个演员这个状态，感觉是什么样的？

庞 → 非常难受的，你觉得看着他是很残忍的，尤其是同行或者是朋友。我也发生过，不是忘词了，我们是不会忘词的，提词器都在那儿摆着。就是你说的时候，观众看出来你的问题了，你又看出来观众看出来你的问题了。其实，我们在舞台上不是本人，大家看到的是本人，我们肯定就是差一点点。

贾 → 台上的是你的一部分，还是你同时还有一个外部视角在审视自己？

庞 → 都有，这个我觉得是创作的区别，可以是第一人称，也可以是第三人称。我肯定是拎出来一部分的人格。

贾 → 我看于是之讲舞台表演的时候，也有人问他这个问题——究竟你是按照斯坦尼斯拉夫斯基理论进到这个人物里面去生活，还是在外部，知道自己在表演？于是之大概的回答是同时进行，一方面我在演的时候，我是真正成为这个人物；另外一方面，还有一个我在观察自己的演出，觉得今天演得不错，或者哪里还要加强。

庞 → 对，是同时，应该是同时，这是最好的情况。

枪 → 我觉得是这样，这样演员能从外面给自己一个判断，和他之前的表演做个比较。有个说法叫"离地三尺"，在你的真身位置上方离地三尺来看自己。

庞 → 你说的是创作还是表演？

枪 → 我觉得任何创作性的东西都是如此。

庞 → 我们的工作是两部分，我要先写完，然后再去演，而每一遍表演也会不一样。

G
我们的优势是没有那么奇怪

贾 → 我发现你们，包括李诞、建国、程璐，所说的"好笑"和普通人说的不是一个概念。

罗 → 真的不一样，他们说的是价值观。

庞 → 我们这些演员幸运的一点在于我们的判断方向跟大部分人非常重合。我们的一个优势是我们不奇怪，我们其实是笑点最正常的一群人，你觉得自己写出来的东西好，观众也觉得好，你才能干这一行。

枪 → 喜剧演员的感觉跟大众完全不在一条线上，这个太痛苦了，这种人也冲不过初选赛。

庞 → 对，他其实干不了这一行，需要特别通俗。

贾 → 是不是我们表面上看起来比较怪的优秀喜剧演员，实际上是他超越了这一层通俗，是控制在八分正常之下的两三分奇怪？如果他的脱口秀表演是完完全全的怪，我们看起来就很恐怖了。

庞 → 对。一个非常笃定的人讲着明显有段子结构、但是你听起来根本不好笑的脱口秀，这是很吓人的，就是精神疾病。那种既好笑又有点儿怪的，也许是现场表演中有一些奇怪的技巧，也许是你看到的只是他的一面，他每次表演只呈现一点点。

贾 → 你在台上扮演过别人吗？

庞 → 没有。也只演过脱口秀，我没有去演过别的什么东西。

枪 → 也就是说你所讲述的事情都是自己的感受和观点？

庞 → 情节可能是假的，故事可能是假的，人都有可能是假的，但感受跟情绪一定是非常真实的。当那些感受跟情绪消失之后，那些段子就没法讲了，对我来说绝对是这样。我还真不知道国外那些说脱口秀的大哥是怎么样去拍电影的。

枪 → 标准的相声演员使劲的方向跟你们使劲的方向绝对不是一个方向。

庞 → 对。

枪 → 相声演员在意的是呈现，一个包袱如何用表演能让它达到100%的效果。他根本就不是要自我表达。如果一个演员，段子里写的根本不是自己，你觉得那还是脱口秀吗？

庞 → 他做不到，我觉得。他在台上无法欺骗观众。你没有我的感受，你没法演。

枪 → 怎么没法演？

庞 → 我觉得没法演，观众感受不到你的真诚。因为我觉得我们的表演形式，就是面对面地聊天。我们已经聊了这么久了，你觉得我骗过你没有？观众是能感受到的。拿我来说，我对这个事没什么感觉，我的荒谬点也不在这里。我是没有办法当众说谎。

贾 → 假设在一个遥远的地方，比如说长春，你的段子直接被别人在脱口秀舞台上演了，你怎么看？

庞 → 在我的理念里，他拿不走。他可以演，他应该也能获得一些笑声。但是这个不属于他。我有这种感觉。

枪 → 你做这一行是为了什么？是为了逗人笑、给人快乐，还是你有一大堆话要表达？还是要怎样？

庞 → 我明白你的意思。我觉得我发生过变化，我现在应该是为了快乐。比如说，我们马上又要录一期《脱口秀大会》，我特别想讲一个事——

我是色弱。我是色弱是不好笑的，我一定是要有一些笑话来支撑它才会好笑。今天我在来的路上，还在写一个段子：色弱给我造成一个真实的影响，你们没有见过我戴帽子，因为我不敢去买帽子。但是我就是写不下去。就是没有写出一个好的笑话来，但是这个情绪是特别真实的。

枪 → 这个包袱的"皮儿"太厚了。

庞 → 对，我就陷在这儿，我也知道皮厚，我也在想怎么样处理会好玩一点。为什么有一些缺德厂商一定要生产一些绿的帽子，不怕我买错吗？就是类似这种。我的色弱是从出生就开始的，它对我的一个影响是让我意识到我在这个问题上是人群中的少数群体。

枪 → 哈哈哈！这个有点儿意思。

庞 → 我不觉得我伤害到了任何人，我也没有批判任何事，我就是单纯地说我的观点就完了。

枪 → 对，有一些东西不能写成段子，是因为连这一点和解都做不到。

罗 → 这就是你说的那个处理过程：先把问题想清楚了再表演。说到底，这也是好不好笑和自我表达的关系。比如说你们的有些段子，并不很好笑，但是我喜欢，因为我觉得这个事值得说，或者说你揭示的东西让我觉得非常好。

庞 → 比如回到我是色弱那个问题。我一定是接受了我能跟大家分享我的这个缺陷。至少我认为，比如说我的很多朋友，他们最开始都是不知道的，是在台上听我说了才知道，因为我觉得我不好意思告诉他们这个事。然后我也是在某一天觉得可以对人说了，然后我再跟大家说。我已经解决了我的这个苦恼，我是不会在台上跟你诉苦的。

枪 → 这种愤怒，甚至是很重要的吗？对于创作来说。

庞 → 好像不太一样，我觉得愤怒不重要，恨是重要的。我恨一个人可能恨50年，但我不是每次见到他都特别愤怒，愤怒可能是第一次。

罗 → 愤怒是一个比较短的情感。

庞 → 愤怒是瞬时、讲不明白的，而恨是你能跟观众讲清楚的事。我觉得不能用愤怒去创作。

枪 → 愤怒是不是一种触发？是不是就是负面情绪？

庞 → 是负面情绪。当然这个就大了，最后还是一个判断。

H
国字脸的周奇墨

枪 → 你最早喜欢的脱口秀演员是谁？或者作者？反正就是这一行的人。

庞 → 我很难很快回答你，我没有一个明确的名单……我还是很欣赏周奇墨。我欣赏的一定是能在台上把我弄蒙一下的，也就是我都没有想到可以这么写、这么演。周奇墨是做到过的，还有谁？王建国肯定也做到过，但他总是高一脚低一脚，又不经常演，而周奇墨时常让我有这种感觉。

枪 → 我跟贾行家一块去看他那个《不理解万岁》的专场，我也有这种感觉，经常有些段子让我觉得：竟然是这么给绕回来了！竟然这么来了一下！我理解成这是技术上的娴熟、复杂、精巧。

庞 → 他有一点特别厉害，我就没有见过他的短平快的段子，他是一个东西一定要写完……

枪 → 从头到尾一点一点给你拆解好了。

庞 → 全拆明白了。比如他那个专场讲一个在他前面排队点餐的人速度很慢，这种鸡毛蒜皮的小事谁都遇到过，但周奇墨说完了，我觉得我就别写了。尤其是观察类的喜剧，像挤地铁大家都会写，别人写完了挤地铁，我觉得自己能比他写得好。

枪 → 没写透。

庞 → 对，没写透。但这个事被周奇墨讲完，至少从他的视角写完了，我就不想写了，这是我欣赏甚至敬佩他的一点，有时候我也模仿他的作风。

枪 → 你觉得这是一种技术吗？

庞 → 我觉得他不是纯用技术，当然是要用技术才能把一件什么事情写到这种地步。但是写脱口秀，尤其是一个篇幅足够大的段子，演员要足够在意这件事才能把它写好。

贾 → 你这么一说，我们回忆一下，他那整个专场里，看上去讲的都是小事情，好像也从几个角度看到周奇墨这个人，他怎么和这个世界疙疙瘩瘩又互相接受，最后，他还把观众带回到他的少年时代让我们看一切是怎么来的。我们最后看到的这个人还挺难描述的，因为他真像你刚说的，一点也不奇怪，是很标准的人。

庞 → 国字脸。

贾 → 你觉得他是形成了自己的一套创作方法，然后每次把这些方法用在写段子和表演上吗？

庞 → 我不知道他是否有一个方法论，但我觉得他有一些标准在。只要创作过就知道，你的点子不是一串的，一下就能全出来的，肯定是一点一点的。尤其周奇墨的那种东西，是像葡萄一样，不可能一下全长出来，一定是慢慢长的。我也见过他打磨段子，一个段子讲了一年才变成现在这样，最开始很简单。

枪 → 我问很多脱口秀演员最欣赏的三个国内同行是谁，都有周奇墨。我现在最好奇的就是哪天我问问周奇墨，他最喜欢的前三个人是谁？

I
人群是一个幻觉

枪 → 你在演出的时候，台下看到的是一个人还是一群人？你是会假想在跟一群人说话，还是跟某一个人说话？

庞 → 我是在跟一个人说话，一个不存在的人。

枪 → 是倾诉还是交流？

庞 → 倾诉，没有交流。交流是双向的反馈，观众给我的反馈很简单，我就确保观众在听而已。

罗 → 所以脱口秀演员的自我特别重要。

枪 → 像李文华、姜昆，他们也说过一堆没有人物、没有情节的相声，是那种论说型的，《诗歌与爱情》等等这种。角色比较弱，但是实际上那里边有很多是可以看作表达的。

贾 → 有观点，然而本子不是演员自己写的，里面的观点也不是个人观点，那个观点差不多都是当时的公序良俗。

枪 → 但脱口秀演员永远不会说"我们"怎么看这个事。

庞 → 没有我们，哪有我们？除非黑人演员说的那个"我们"。

贾 → 人群是一个幻觉。人群就是一个一个的人。

庞 → 我是一个特别没有爱好的人。

罗 → 跑步。

庞 → 对，那就是一个放松的方式，打篮球或者别的什么运动，都是一个放松的方式。

贾 → 所以你一直赋予脱口秀一个特别重要的地位。

庞 → 是，无论从客观的时间、精力上，或者从我主观的想法上都是这样的。

罗 → 能跑全马吗？

庞 → 不可能，我连半马都费劲。

贾 → 我看人跑步都累，我记得村上写过他参加一个超级马拉松，是上百公里吧？

庞 → 我也喜欢他那本书，我特别喜欢他。

罗 → 那你在跑步的时候在想什么？

庞 → 很难总结自己在想什么，可能就是一些碎片的想法，跑步对我来说就有点像冥想和放空。

枪 → 你如果能回到最早干这一行的时候，嘱咐当时的自己几句话，你会跟他说什么？

庞 → 我会说"你接下来五年做的所有事都是对的"。

枪 → 这些年没有怀疑过自己？

庞 → 没有，写不出来的瓶颈一直有，但是我觉得那不是怀疑自己的瓶颈，它是可突破的瓶颈。

贾 → 你会想象自己二十年后还在说脱口秀吗？

庞 → 我会想象，但我没想象出来那会是啥样。

贾 → 说得上是爱吧？

庞 → 差不多。不过我始终很心虚,也许这个行业突然就没了,就像它突然出现一样。

贾 → 首先我觉得它不会消失,人们永远需要喜剧,而且也没关系。吴军对人类科技有个很清楚的描述:可叠加式的进步。我听你讲你的工作,你每个阶段要解决的问题都很明确,积累下来的东西也很清楚,像上楼梯一样,是站在之前的台阶上的。

庞 → 有可能。我可能就是这样的人,来这个公司,我一见面就问他们:你们真的没有补充公积金吗?要不要考虑一下?

THE SECRET TO COMEDY

呼兰

就该这么幸运 ◯ 就该这么幸运 ◯ 就该这么幸运 ◯ 就该这么幸运

喜剧的秘密：从脱口秀说起

THE SECRET TO COMEDY, STARTING WITH STAND-UP

整理
→ 东东枪

A
笑不是最终目的
呼兰 × 东东枪 × 贾行家

枪 → 你对脱口秀这东西的定义是什么？

呼 → 你看，如果你聊的人足够多，你就会发现每个人的定义其实都不一样，大家的背景、个性、对创作的理解，以及对脱口秀的理解，都是不一样的——这个东西其实本身就是脱口秀，但这个事情你要掰开了揉碎了说，可能又没意思——就是不一样的人在台上讲不一样的生活。我其实特别不会定义一个东西。

枪 → 你讲的是你自己的生活吗？

呼 → 我讲的都是我自己的生活，都是真的。在脱口秀里，你就会看到人如此之不同，生活如此之多样化。因为我周围有一些做金融的、有钱的朋友，他跟我说："你知道我在节目里面最喜欢谁吗？"我说我应该能猜到，他说你猜是谁？我说是何广智对不对？他说："对，你怎么能猜到？"我说一般都是缺啥补啥。还有人喜欢赵晓卉，我们也不知道自己哪一个特质打动了观众，也许是在他的生活里面照见了、看见了自己——在我看来，脱口秀大概就是这样。

枪 → 你最早做这玩意儿的动机是什么？ 你为什么会参与到这个创作

呼 → 里头来？

呼 → 最早参与脱口秀的动机其实就是我在台下看，然后就觉得"我也行"，实话实说，当时就是这样。最初就是在现场看，看完之后，主持人说："我们这边也有开放麦，谁想来就可以来。"然后就开始报名了。第一场其实我就说得很好，尽管那个场子可能也不大，也就七八十号人，但是，一旦你在现场试过了逗笑这么多人，一旦尝试过那个感觉，后面就很难戒掉这个感觉了，就一直想要上台，你就想站在舞台中央，逗大家笑。

贾 → 以前没有体验过吗？

呼 → 以前没有。

枪 → 没上过台？

呼 → 以前没上过台。

贾 → 在国外的时候没上过？

呼 → 没有，都没有，真没有。

贾 → 在国外的时候接触过脱口秀吗？

呼 → 我看过。但我是一个做公众发言之前会紧张的人，是会说不好话的那种，我也不知道为什么那一次上去完全就不紧张，然后在那之后，连公众发言也没有问题了。

贾 → 你是天生有幽默感的人吗？

呼 → 不是。（我的幽默感）肯定比一般人要多一些，但是这幽默感分两种：一种是像李诞说的那种，程哥在酒桌上面、在一堆人里面，都贼好笑，我不是那种。我这种，所谓的即兴能力，比很多脱口秀演员其实都是要差的，但你让我坐下来写一篇东西，我是OK的。

枪 → 你小时候在学校里逗吗？

呼 → 逗还是逗的，跟这些专业的脱口秀演员相比可能没什么优势，但是跟周围人相比还是很好笑的。我只能说跟其他人相比，同样的一个事，我可以讲得更好笑一点。比如说你俩出去干一个事，然后他回来很兴奋，跟大家描述，但描述描述就没劲了，本来是一个挺好笑的事，讲着讲着他就说"算了，你来说，你来说"，但我说出来，同样的事，就会好笑。从小到大，要是你也像我一样经历过无数次这样的事情，你也会觉得"我的表达方式至少是好玩的"，或者说"至少我在这个事上是有一些优势的"。

枪 → 那你的幽默感的源头在哪儿？

呼 → 我觉得我找不到根，如果你非要找个根，比如说"东北"，那我觉得太宽泛了。我想可能跟长大过程中接受的戏曲、曲艺的教育有关系，比如说大学的时候听相声，就是听郭德纲老师那些，听这些东西，上大学的时候还看网上的一些段子。我现在还在用"饭否"，那一代小孩是看着这些网络段子长大的，那个时候有好多人都在网上发各种各样的段子。这个东西我觉得，与其说帮助你去创作，其实主要还是能帮你增强你的喜剧审美，这个事情很重要。只有有了审美，你自己能判断你自己说的是好东西、坏东西的时候，你才会产出那些好东西，把那些坏的东西替掉，这样子才会一步一步地往前，否则的话，天上一脚地上一脚，你都不知道自己怎么去优化。所以我觉得这个跟审美是有关系的，它潜移默化地告诉你什么东西是好笑的，什么东西是不好笑的，然后你再去慢慢增强。我就始终觉得，接触一个新学科，你要先建立审美，知道什么东西是好的，然后你再去模仿，最后形成自己的风格。

贾 → 就是我们要有一个本能，本能地认为这东西好或不好。这个本能是很好玩的一个东西。为什么认为一个东西是正确的？是分析出来了吗？不是，你第一眼就觉得这个东西好像不对，那这个"不对"是怎么来的？这个很好玩。

呼 → 对，实际就是你的知识、你的体系告诉你什么是正确的、什么是好的。陈嘉映老师不是有本书叫《何为良好生活》吗？其实，到底什么生活是好生活是我们大家都在想的事儿。

贾 → 陈嘉映那个工作的一个意义，他自己叫"让哲学说中国话"，我觉得是他认为之前的那个哲学话语对很多问题的界定不够清晰，他是重新组织语言来界定清晰的，用可感的方式去界定。其实你要做的工作，你仔细想，和他有一点点的近似。

呼 → 当然。就是你要去弥补那个中间的缝隙，脱口秀也是在做这样的事情，就是你用最能让人听明白的方式，把事情说明白——本来一般人要说一百个字，但是你用十个字说明白。枪总讲文案的书里举了这么一个例子，大家都说中年危机，很多人可能用几千字都说不明白，但李宗盛说"越过山丘却发现无人等候"，听众一下就被打动了，其实干的都是这个事情。

贾 → 那你理想中的脱口秀是怎样的？别人听懂听不懂、笑不笑，这个是你最关注的吗？

呼 → 观众笑当然重要，但笑肯定不是唯一标准。艺术创作者要引领观众，而不是完全被观众引领。

贾 → 你会为了演出效果再做一些修正吗？

呼 → 对，我会去想明白这个事，比方说播出后如果看视频的观众都觉得这好像不好笑，那我觉得可能是出了一些问题。能让大家笑，让更多的人看到，这一点很关键，对我来说非常重要，笑是它传播的一个辅助燃料——不好笑，就没有那么多人会看到。

贾 → 再务虚一点的话——当你被更多人看到，你会想象一种对他们的影响吗？

呼 → 会，当然了。

贾 → 你觉得影响是帮他们看清这个问题是吗？

呼 → 不是，我能做到的就是让他们看到这个问题，很多时候，我自己也是无解的，因为这些本身很可能就是无解的——我想告诉你的是，你们没辙，其实我也没辙，大家都没辙，但是怎么样呢？还是继续带着问题活下去。

贾 → 这是你的价值观？

呼 → 对，之前我讲中年危机也是这样的，我没解，我也不知道解，大家都有中年危机，我只能告诉你，你看到那些开开心心的、人五人六的人，一样有这样的问题，你不是唯一的一个，你也不是孤独的，大家都有这样的问题。我就把这个事情展示给大家，让你下班了躺在床上看了一段，明天醒了能再鼓起勇气，再继续上班、继续挨骂，只能是这样。

贾 → 所以笑不是目的？

呼 → 笑不是目的。笑肯定不是最终目的，笑是为了我们所谓的"传播"。你真正想表达的东西是最里面的那个东西。

B
低门槛就是高门槛

枪 → 那你的喜剧审美是怎么建立起来的？

呼 → 我觉得是当时和网友一起建立出来的，大概80后这一代人，有很多价值观，是被那一代的互联网人深深影响的。一开始没意识，也不知道什么是好什么是坏，只能认为你相信的那些人给你推荐的东西是好的、是对的，你认为那个东西就是好笑的、就是美的，只要这些人靠谱，你的审美、你的品味，就是靠谱的，然后你再去慢慢发展。一开始你是不知道的。一个机器怎么可能知道什么是美的、什么是好笑的呢？只有别人告诉他。你只能默认这些人是好的，这就是那一代互联网人对80后的影响，这个影响还是蛮大的，今天其实缺少这样的人。

枪 → 一定有很多人问过你这个问题——你受罗永浩的影响大吗？

呼 → 受罗永浩的影响肯定是大的，在我看来，他那个才是我们所谓的单口喜剧或者说是脱口秀，反正管它叫啥都好。你肯定会潜移默化地受到他的影响，受完影响再不断地往前走，最后形成自己的风格。

枪 → 好像很多人都是这样的——看到别人的作品，觉得自己也有这个能力，然后就开始做，一上手感觉就比别人好，于是就做起来了。但原因确实得往更早去找，就是像你之前说的，那个审美是早就建立起来的，基础是好的。

呼 → 对，有很多事情底层的逻辑是相同的。

枪 → 现在脱口秀这个行业给人的感受似乎是没有任何门槛，你想说点什么就来试试。

贾 → 其实这个门槛本身就很高，就是你要有所表达，这种东西是一个很复合的要求，正是因为它让你感受不到，说明你要学它很难。

呼 → 对。

贾 → 不知道你在学什么。

呼 → 低门槛就是高门槛。

贾 → 就像谈恋爱一样，有天生会谈恋爱的人，你也不知道为啥，但是人家就是会谈。技术会给你安全感吗？就是你自己从脱口秀中练到一些确定性的东西。

呼 → 不会，技术会给我不安全感，但凡我觉得我有任何的技巧或者套路的话，我都要全部打碎。

贾 → 你是希望在和不确定性相处的过程中写出新的东西？

呼 → 对。

枪 → 你觉得现在你看到的这些脱口秀演员，这些创作者里面，是天才型选手居多还是勤学苦练型居多？——也不能说勤学苦练，反正就是跟"天才型"相对应的，靠认真学习、认真练习的。

贾 → "渐进型"的吧。

呼 → 都是渐进型的，没有天才。

枪 → 没有天才？

呼 → 没有天才。当然对于天才的定义，我们抛开了不说，我们纵观历史，几百年、几千年才能出一个天才，怎么可能两年、三年出个天才？

枪 → 那我换个词，"天赋型"选手。

呼 → 你换词那就是另外一个答案了。你要说天赋的话，任何一个行业，能做到前5%、10%，他肯定是有天赋的，这个事情没办法，我们所谓的"老天爷赏这碗饭吃"。吃这碗饭肯定是可以的，但称不上"天才"。

枪 → 好像通常都说演喜剧演得好的人，演别的戏都不太会掉链子，但是演正剧出身的人，就未必能演得了喜剧。

呼 → 对，这个事说起来我可能是一知半解，但你看，演喜剧你也不靠脸，你也不能靠别的什么东西，只能靠着一股所谓的灵气支撑着你去琢磨这些东西。

枪 → 灵气……这个灵气指的是什么?

呼 → 我觉得灵气就是匠气的反义词。

枪 → 你有不得不写行活的时候吗?

呼 → 我从来没有哪一篇从一开始就打算写个行活,但我不可能每一次的表演或者写出来的东西都让自己满意,我的出发点从来不是写个行活。

插话之一

我们是讲道理的
* 文森特申请加入群聊

贾 → 你是个对自己有要求,觉得"事儿就得这么办"的人?

呼 → 对,我糊弄不了。我没有办法交出来一个糊弄的活儿。所以要跟我一起工作的话,会特别痛苦。

贾 → 自己生活的原则也这样? 就是这种规整。

呼 → 不会,生活特别不规整,特别写意。工作我也只是认真,不是刻板,但是跟我工作非常难受。但是我也不是只要求你,我也这么要求自己,我们做完事是会变好的,是大家都会成长的,但是很多人难以忍受跟我一起工作。你看文森特频频点头。

文 → 我没有问题,我OK,我能接受。

贾 → 文森特,你在笑果工作,是要容忍很多天才的。

文 → 我觉得还好,他们是讲道理的。

呼 → 对,我们是讲道理的。

枪 → 他们都是专业讲道理的。

文 → 对。至少不会耍脾气或者什么的。

呼 → 我觉得这个事情是要看你的才华的,就是你的才华得配得上你的脾气和你的毛病才可以。我见过太多人,他的才华配不上他的毛病,这就非常不对劲。我觉得你有多大的才华,你才配有多大毛病,只要你才华够,在我们这行,是可以宽容的。历史上看到一些所谓的大艺术家,没有没毛病的,毛病都很多。

枪 → "每天几点起床?""下午两点。"啪!"你也配?!"

呼 → 对呀。

贾 → 你们保持好这个行业里"风清气正的生态"吧。那些有毛病的老师,很多也是被一个行业的风气带成那样的。

枪 → 对。"我要那么讲道理倒显得我腕不够大似的。"

呼 → 哈哈哈,对。

贾 → 我刚才一直观察呼兰的思维方式,你特别喜欢去看一个东西的内核,就像你说的,是"模型"性的东西。但你在写段子的时候,你同时又在强调这个灵气的部分。你是先基于一个你的这种"模型",写好段子的基础之后再添加让你觉得自己灵光一现的东西,还是说是坐在那块等着这个灵气?

呼 → 的确,强调有模型,但又强调要有灵气是一个矛盾的事情。好段子的基本盘是有模型的,但有灵气的那部分是没有招式、无迹可寻的,

C
**今天的体验
我不会放弃**

但是你知道你要去写这样的东西，这些就都是模型带过来的东西。真正创作时，我只能保证我时间花下去之后，能产出一篇及格的东西，但好的东西都是神来之笔，我没办法保证说我坐在这儿三个小时就准能写出一条好的段子。可能坐三个小时，一条东西都写不出来。我现在只能大面上去保证，比如说我三四天花下去，能产出一个像样的东西，我能做的就是投入大量的时间，让灵感迸发的概率更高，只能是这样。

贾 → 这个"大量的时间"，你在做什么？是坐在那里一个一个地去清理脑子里那些主题、想到的那些话，做筛选，还是在寻找它们和你心目中哪个模型能够对上？

呼 → 我会从一个出发点不断地去延伸。其实就跟搭桥走路是一样的——"这个路线好像不行，不通……"就不停地衍生出来不同的路径，就是我们所谓的"开路"，可能就是这样，你都能感觉到你的大脑在做这样的工作。

贾 → 基于你的专业背景，你会不会认为这些东西是完全可以靠数字技术去实现的？

呼 → 我当然相信了，我自己之前也是做人工智能的，我相信有一天所谓的脑机接口出来之后，我们费劲读的这些书可能很容易就给传输了。但是呢，我们还是在读书，这个事情没办法，你不知道那个东西哪一天能出来，到那一天，所有的伦理、哲学，可能很多东西都要被打破。不光是喜剧这一件事情没有意义，太多的事情都没意义了。我们先活到没有意义的那一天吧。

贾 → 我觉得庞博和你对理性和条理的依赖、理解方式有一点接近，用我的话来说，在你们眼里可能这是一个可叠加的东西，是一个可靠的方式，同时我又觉得建国那个方式和你们交集不太大。你会觉得有一些东西是你写得了他写不了，也有些东西是他写得了你写不了的吗？具体什么样的东西，是你觉得自己最擅长处理的呢？

呼 → 你说的是内容方面吗，还是什么？

贾 → 既是内容，又是质感，比方说哪一类好作品一定是属于你的？你有没有那种感觉？

呼 → 我理解了，比如说，建国写的那个，说他是这个世界的守墓人，说"这个世界是我守的坟"，那个东西我就不是很能写得出来，因为他有自己最底层的那种孤独，那是他最底层的一些东西，那一季一共10期，他在录那一期的时候就说："这一季我就特别想上这一期，你们一定要让我上去聊孤独。"我的底层其实还是偏乐观的，尽管我觉得殊途同归。

贾 → 但是今天的体验你绝对不会放弃？

呼 → 是，今天的体验我是不会放弃的。所以说大家对世界的一些理解不同，创作出来的东西也就不一样，这也是脱口秀好玩的地方，你可以看到这些人对世界的认知。甚至，每年都在比赛，每一年你也都能看到一些变化，这个事情也是很好玩的。而且，这些人就是一些可以有更多时间、更多精力去体验生活、体验世界的一些人，你就去看这些变化，本身也是好玩的。比如说，我明年可能突然变得消极了，觉得这些事情都没什么意义，觉得特别无聊，或者说我认为钱极其重要……就是可能变得不一样，然后也把这个事情展示给大家，告诉你，我是这样子的。

贾 → 你怎么评价你自己的创作？标准在哪里？

呼 → 对我来说很简单，就是自己，只有我自己，没有任何其他的尺度和标杆。包括"热搜"这些东西，我认为全都不是客观的，全都没有办法去评价创作。而且，甚至我自己会警醒我自己，比如说我写出来一个东西，不能是反智的。举个例子，你在这边振臂高呼"年轻人，不要加班给老板干活"，大家肯定是开心的，你讲这些东西他们怎么会不开心呢？但这对他们是没有帮助的，你需要讲你认为对的事情，可能会得罪人，甚至是要站在大众的对立面上去的，但没办法。

贾 → 你的创作通常是以什么为出发点？是情绪还是什么？

呼 → 我肯定不会"为赋新词强说愁"，我说的这个事情它肯定是我想说想表达的。

贾 → 或者说你对它形成了一个观点？

呼 → 对。

贾 → 我看你表演的时候，觉得你的情绪是挺饱满的。

呼 → 是，当然了，不是假的，是真的。其实是这样的，在舞台上你去看，尽管我的情绪都很饱满，但你还是能看得出来我哪些事"过去了"，哪些事"没过去"，很简单。比如说为什么说体育的那一茬效果就很好，（因为）那一茬十几年了还没过去，人来了，我开心了，我太恨了，当时怎么可以那样？比如世界杯，就可以黑色三分钟，我一定要当着你的面给你把这个事情好好说一说。这个问题是好问题，就是有些事情你可能自己已经消化了，但你到台上的时候，你又重新把这股气再找出来，再展示给大家，这种情绪肯定是比你还"没过去"的要弱的。

贾 → 参加《脱口秀大会》这种节目，你会觉得自己有明显的变化吗？会不会觉得有进步或者有突破？

呼 → 有，当然有，每年都在进步，每次比赛都在进步，这就是为什么我觉得我们最终选择了比赛——人是需要通过比赛成长和进步的，参加这个比赛的人，就会被激发出巨大潜力，快速成长，每一次都在变。

贾 → 就是这个高矮胖瘦都在一起比赛的游戏，仍然能够……

呼 → 当然，能刺激到人的，躺不平的。

贾 → 是因为有了更好打磨自己节目的动力，还是这个比赛本身帮助大家打磨？比如从反复改稿子这个过程中学到了东西？

呼 → 你看，这个事情这么说——这就是线上线下的区别。你在线下练，拿出来一个75分的东西，你可能讲出来也是一个100分的效果，你讲一个100分的东西，可能也是一个100分的效果。你是判断不出来75分跟100分有什么区别的，因为75分可能就已经是上限了。甚至是在讲75分水平的内容时，也觉得自己在讲100分的东西。但当你把它拿到一个更大的舞台，讲给更多人听，75分跟100分就是不一样的，它的天花板就是有高矮的，你放在500人面前和1亿人面前，就会有很多差别。你不经过这些东西，你是不会对这些事情有感知的，你也不知道你在做什么样的事情。再有，就是因为比赛带给了人最纯粹的那种竞争的意识，就是激发你去提高，这个事情就跟你在场馆里面训练打乒乓球永远都不如去一次奥运会一样。对那些高水平运动员来说，去打一次比赛，通过那个事情得到的进步来得更大，就是这样的。

贾 → 是说线上线下的表演是一样的，只不过线上会更难、空间更大，而不是说是两种不同的表演？

呼 → 对，因为在线下坐在那挤挤插插的一群人，会把那个氛围给烘托得很容易笑，在那么一个场域里面。但是在线上，你可能面对的观众是独自一个人把手机摆在这儿，坐在那儿吃饭，你要想逗笑他，你的内容好的程度和你的能量，要远远大于在那个封闭的地方去逗笑观众，这是完全不一样的。很多线下的内容拿到线上去，观众都不知道你在说啥——这个人在表达啥？乱的。在线下可以很好笑，线下有很多技巧，线下观众都很"吃"的，到线上就是突然间尴尬。线上观众的注意力很容易被分散，线下黑灯瞎火，手机关震动，你没有别的事情可以干，你只能看我演。在线上，饭馆服务员来了跟他说两句话，他还得接着看进去，我能接着让他笑，这个事情很难的。

枪 → 我自己觉得建国在《吐槽大会》上的表现比其他人好，因为他的吐槽是真的吐槽，其他有很多人，明显的是虚招，就是根本没有真吐到该吐的那个地方、那个程度——也别管他是吐不准，还是不敢吐准。但我觉得建国是真诚地吐，而且是准的。

呼 → 对。

插话之二

一个硬币的两面

贾 → 我看过建国的《吐槽大会》，其他吐槽可能文本是针对你们列出来的嘉宾的"点"，一个点一个点地去吐，建国是对人。建国是对人不对事的。

枪 → 是的是的。

贾 → 而且吐槽就是应该对人不对事，就是我瞅你不顺眼，你的一切都不顺眼，这才是对的。

呼 → 对。

枪 → 所以说建国的吐槽会让我觉得这是真诚的吐槽。

贾 → 而且建国的风格非常适合那个《吐槽大会》的场合，因为对于我们东北人来说，吐槽是我们的主场，比赛不是我们的主场。

呼 → 是。

贾 → 我们在比赛方面永远是垫底的。

呼 → 对。

贾 → 你和建国的区别在哪儿呢？

呼 → 我和他的区别就是我会比他更爱自己一点。有些事情我会更在乎一点，他是属于破罐子破摔那种类型，甚至有些自毁的那种倾向。

贾 → 确实建国不够爱自己，但他又不能舍得自己。

呼 → 这也是建国可爱的地方。

枪 → 脱口秀演员还是得先舍得出自己才行，这个过程对自我的消耗挺大的。相声演员没那么多抑郁的，相声演员不用抑郁，说相声不用走心。

贾 → 你抑郁过吗？

呼 → 没有，没有太多东西能伤害到我。我还挺爱自己的，但也不到自私的程度，我是觉得没有什么事情可以比让我自己舒坦，让我做自己想做的事情更重要。

贾 → 我觉得这代表了这个时代世俗里面最理性的一个态度。但建国那种我也完全理解，因为他代表着现在的困境那一面。你们俩是一个硬币的两面，你是有人头这一面。好像基本上每个现代人出生的时候都抛了这么一个硬币，我和建国都没有抛出人头的一面，所以我对他的那个状态是很理解的。

D
在我看来其实都是思考

枪 → 听你谈你创作的过程，我想象出来的是你对着一个空的电脑文档或者说对着一张空白的纸沉默不动，整个的创作过程就是在你的头脑里发生，你来做各种思路的尝试以及逻辑的演算。

呼 → 对。然后，写出来的东西，这一条东西，到底我是怎么写出来的，我也不知道。

枪 → 像是在拼逻辑能力、思辨能力，而不是观察。

呼 → 对，相对来说，我不是观察类的喜剧演员。

枪 → 这是个人偏好问题，还是完全不同的两种创作逻辑？脱口秀这玩意儿有没有派别？观察类的段子，是一种段子的类别吗？你觉得它可以成为某种演员的类别、演员的流派吗？是调动素材还是优化算法，这是两个不同的流派吗？

呼 → 我倒是觉得说脱口秀到现在还很难称得上流派不流派，做这种切割还真是为时尚早。我本身表演的东西就少，主要是大量的文本和逻辑性的东西，但其实这是因为你呈现的状态、方式不一样，然后你才选择了这种创作方式——很简单，我本来自己演得少，那我创作的时候就更不会给自己安排观察、表演的这类东西，我只有写出那种非常妙的、我认为很有逻辑性的东西，才会非常踏实。但是很多朋友，比如说他是表演类的，他写到这里，他说不用写了，这一块我写个括号，我到时候就开始给大家演了，然后就开始下一段，我再讲别的事情了，也可以。没有好坏之分，只是创作习惯不一样。

贾 → 可能有一点像一个人和世界接触的方式，你喜欢用理性的方式打交道，有些人就是喜欢观察每个人身上、心理的那些扭曲，这件事情背后的荒谬，你是已经看到这个事形成的过程……这些东西？

呼 → 是。比如说咱们吃饭聊天，我也不是一个特别喜欢演或者说那样性格的人，这可能潜移默化地会影响创作，我都不知道我的表演能成什么样子，我都没有往那个方向去试，我就是不爱演。

枪 → 你看，脱口秀的创作，是不是可以大致分成四步？第一步是观察，第二步是逻辑，第三步是文本，第四步是表演。其中，"文本"和"表演"是你对用"逻辑"思考出来的那个梗的"呈现"，这个"呈现"，有一些是在文本措词阶段的呈现，就是找到合适的语言去呈现它，然后是在舞台上以合适的表演来呈现它。"观察"是积累素材，是找到那个素材，"逻辑"则是挖掘、推演出其中有趣的那个梗在哪儿——你看，这四个环节，在任何一个环节上做得超出常人，或者格外出色，可能都行了。当然，理想的状态是这四个层次做得都很好，但是你中间有某一个是短板，好像问题也不大。不同的演员，其实能像化学分子式一样，列出一个他自己的配方来——"观察3逻辑5文本2表演1"，像Fe_3O_4、CO_2似的——这可能就是某个脱口秀演员他自己的配比，我不知道是不是这样的？大家的天赋不同，你的"创作分子式"也不同，就像你说的，你觉得你在"表演"的那一层上并不比别人有格外多的可能性，但是你在"逻辑"这个事情上下的功夫、你的敏感度，是比别人更高的。

呼 → 我懂，你看，我们探讨探讨——我觉得对于我来说，前两项我要换成"思考"，就是"思考"——"文本"——"表演"。

枪 → 等等——"思考"、"文本"和"表演"？你把"观察"给弄没了？

呼 → 观察和逻辑可能是一个东西。

枪 → 是同一个东西？

呼 → 是同一个东西，前面这一切，观察、生活，反正这一切东西，在我看来其实都是思考，就是你不停地在进行思考，然后对这个世界有认知，对周围所有的东西有认知，然后去形成你的文本，最后是表演。

枪 → 我举个具体的例子吧——比如说老四。四哥的表演，包括他在脱口秀大会上的表演，我自己是很喜欢的，但是实际上，我觉得他就是观察做得好，他中间也并没有在那个上面再有"逻辑"层面的加分，他就是观察、表演，他就是这两步做得好，已经足够了。

呼 → 对。

枪 → 其中我觉得最精彩的是他的观察，他对于生活中细节的观察非常好，是天才级的好。

呼 → 是。

枪 → 也有一些别的脱口秀演员，他们在舞台上模仿某一类人，模仿他的神态、逻辑或者语言，本身就足够精彩，那就是"观察"，而这个"观察"本身跟思考其中的谬误或者说找到现实的破绽，推演出一个有趣的梗来，完全是两码事。

贾 → 其实你俩刚才说的时候，会发现中间有几个环节会出岔路。你看"观察"和"逻辑"之后，刚才呼兰加了一个"思考"，但我觉得"观察"、"思考"这个词又出了一个岔路是"感受"，老四其实是从"观察"到"感受"，他对每一个人物是有一个进入过程的，你看他演女性角色，他脸上所有的表情都变成了一个"我们东北老娘们儿"的表情，他是完全进入这个老娘们儿的感受的，然后他说出的话也都是这个老娘们儿的话。他能说得出来，就说明他感受到后面那个逻辑错误在哪儿了，但这不是"思考"的结果，是一个"感受"的结果，这就是派系的不同。

呼 → 我不确定。我跟老四也熟，他在《脱口秀大会》里面去学，包括他在短视频里学的那些人，我最喜欢，或者说我觉得最好的点，不是"像"，我觉得"像"这个事情其实不足以支撑，对吧？"像"不是这个点，而是他把一类人的一些特质给放大了。就比如说他学我们董事长叶烽，他学的是啥？他学的是有钱人对吧？这个事情他是想过的。他想过这个人、这个有钱人是什么样，有钱人来到这个场合应该是什么样，这些人是我的员工，这时我的出场、我的穿着、我的神态……这是他一路想下来的，最后呈现出来的那部分我觉得是非常非常厉害的。你看他演东北的那些东西，其实也体现了很多……比如说丈母娘跟女婿之间这个微妙的感觉。

贾 → 但是你说他"想"，他的这个"想"和"思考"是两种方式，他是直接抓出这些本质的东西。

枪 → 我觉得老四是有触角的。他有一种独特的敏感。

呼 → 是。

贾 → 比方说有一些小动作——桌上几个男人，有一个男人是这几个小人物里面混得好一些的，这时候突然来了一个比他们混得更好的地产商。这个男人的第一反应是什么呢？他抻了抻领子，把原来露在外面的金链子塞回去了。也许这个东西他不是思考出来的，但这是代表这人本质的一个动作，老四一下子就能把这个东西认出来，就是刚才东东枪说的触角，他和你的方式就不完全一样。为什么做这个动作？做这个动作的原因在哪里？你能够把这个动作清晰地梳理出来，老四那个方式是他直接就触到了——"反正我不一定说得清，但我这个动作就做出来了"。他有点像什么呢？有点像东北的萨满。萨满就是"附上身"，打一个激灵，就上你身了。

枪 → 他那个考验的也是准确。

呼 → 当然。

贾 → 东北说脱口秀的演员，好像多数还都是沈阳的，吉林、哈尔滨的少……有从哈尔滨出去的，但是本地好像没有形成脱口秀阵营对吧？没有俱乐部。

贾 → 天津好像没见过。

枪 → 我没琢磨过东北，我琢磨过天津为什么没有脱口秀。

贾 → 为什么？

枪 → 我觉得在天津，大家觉得把段子说到这个程度，真不值得单独找个时间、去个地方，这么隆重地给别人讲。就跟建国说的似的，一个班至少能找到三五个大概这个水平的。

枪 → 真的，我老觉得在天津，这种水准的人很多。就比如说，我觉得我的某些朋友就完全是有这个天赋、有这个本事的，但是问题出在，他完全没有这个热情，也没有这个兴趣去干这个。他从来没把自己那点幽默感当过回事。

贾 → 而且天津的都是本土化的段子，完全不是任何脱口秀的那个套路。天津这个地方基础不一样，就像刚才咱们说的那个对戏剧或者幽默的审美问题，天津天生地被相声教育出来了，忍受不了低级的不好笑的东西。

贾 → 对。

呼 → 天津应该也没有吧。

呼 → 这个水平是卖不出去票的是吧？

呼 → 他是忍受不了你活儿不好，其实就是这样的。

呼 → 他听不到你的内容。

插话之三

Make Tianjin Great Again

贾 → 而且他们有一种价值观好玩，天津人会把一个包袱看得很重。

枪 → 是，反正脱口秀这个领域天津人太少了……

贾 → 是你们天津人不太在乎，不想赚这么多钱吗？还是他不知道这个消息？

枪 → 嗯，可能是不知道这个消息。但也可能知道了也不去——可能会觉得不值得，为了追求一个什么去干这个。

贾 → 但是你说天津过去也是什么九河下梢，一个中心贸易口岸，为什么人的想法会这样，还不如我们东北往外闯的精神？

枪 → 我觉着天津人里有很多是不以多挣点钱为能，他们甚至会嘲笑那些为了挣钱努力往上钻的人，"你介是跟谁啊？"——可能有时候，在天津，有上进心是一个羞耻的事情。

E
相信数学，相信概率

呼 → 你们认为脱口秀这个事情会持续很久吗？

枪 → 很久得看怎么定义它。我自己觉得这不是一个会永远存在或者永远热门的表演形式。尤其在我看起来，它跟很多其他的表达形式或者表演形式都是差不多的，都是类似的，既然那些东西会灭亡、会被代替，这个东西也很有可能会被代替。或者至少是它的内涵和外延都会改变，就好像京剧火了一百年、两百年，但它其实可能就变了，至少说走样了，它跟原来不一样了，它早被新的东西给代替了。但是京剧没了，戏剧还在，对吧？京剧只是当时最热门的戏剧形式而已，你如果把它提到戏剧这个程度，我觉得戏剧可能寿命就会更长一点，戏剧的寿命可能会以万年计算。

呼 → 对。

枪 → 喜剧我觉得恐怕也是一个寿命很长的东西，但是单口喜剧，一个人站在台上讲脱口秀，会不会永远热门下去？我觉得不会的。它既然是最近这几十年才刚兴起，它也很有可能在接下来的某个年份就被抛弃了。甚至，以往人类历史里是不是已经有过它？是不是已经灭亡过好几回了，是吧？我觉得是有可能的。

呼 → 我觉得它可能会很快，或者说在接下来我们可以看到的时间内，变得没那么火。它不见得灭亡，但是肯定没有像这两年这么火——这带来的就是这些演员会没有那么大的名声，也赚不到这些钱，就回归到一种常态化。去年（2020）的这种火太不正常了，这种火跟一个综艺带起的火，就跟嘻哈什么这些都是类似的，很快大家会被下一个东西吸引，然后被转移过去，就跟很多网红其实是一样的。你的内容质量并没有任何的下降，你还做这样事情，只是大家不爱看了，不爱看了就不爱看了，就过去了，你没办法，你甚至都不用怀疑自己的创作，你说是不是我不行了？是不是我写太多了？不是，就是大家爱别的东西去了，爱看街舞了，爱看滑板了，爱看游泳了，爱看其他的东西，这都说不准。

贾 → 但是还是会有一个喜剧出现在这个位置上，一个新的喜剧形式，我倒觉得脱口秀本身问题不大，也许你们这两档节目前途未卜，也许还会有下一个喜剧节目形式，像你们接的盘子，可能原来属于别的一个什么，比如二人转衍生的小品，替代原因是它的效果更好，更能解决现在的问题，就成了。但下一代人可能又发现更有效的喜剧形式来替代今天的单口喜剧的位置。其实刚才东东枪说的那个戏剧的变化，后面的一个原因可能是，戏剧的形态或者是剧种，和每一种生活方式的关系不一样。

呼 → 对。

贾 → 京戏的那个时候，有一种京戏所基于的生活方式，那个生活方式改变了，京戏的处境和前途就变了。郭德纲说的有一点很高明的，就是传统相声需要那种逛天桥的闲人。这和生活节奏有关系。我对脱口秀比较乐观的原因是，我看到的所有喜剧形式里，脱口秀和当下人的生活方式、生活节奏是最契合的。它进入也方便，表达也灵敏，显得比二人转和相声的反应都快。

呼 → 是，为什么我认为单口喜剧的生命力可能还是会比其他形式强，就是它的生命力是不会死的。

贾 → 但是不一定赚钱。

呼 → 对，不一定赚钱，或者是说会回归正常，赚正常的钱——跟你上班赚的钱是一样的。

枪 → 不能永远捡钱包。

呼 → 京剧的问题，我也想过，比如你给我唱一个《斩马谡》，很多人是不爱听的，但是你给我唱一个今天社会上在说的一个事，给我转化成京剧……

贾 → 他可能还唱不了。

呼 → 对，你看郭老师当时2005年、2006年，人家在做的就是这个事。为什么相声重新又翻活了？我看很多就是他套了一个老壳，然后讲了一些他自己写进去的新事。我从小的时候没有养成那个情感、那个习惯，大了之后就再也带不进去了。

贾 → 是，不生活在那个节奏里头，也不能伪装喜欢那种京剧。

呼 → 是。

枪 → 刚才说的京剧唱老故事、内容不更新这个事，我觉得是中国人对文艺的审美标准发生了一个颠覆性的改变，之前的那些人听京剧也不是为了听新的故事，他们真的是纯粹欣赏形式。他们在欣赏形式，而不是欣赏内容，那个内容几乎毫不重要。

贾 → 而这个形式是需要大量的浸淫才能够欣赏进去的——其实咱们说的那个生活方式，就是提供你浸淫的条件，你有这个时间。

枪 → 这个可能真跟清朝那些八旗子弟的生活方式是有关系的。那个闲人指的就是他们了吧?

贾 → 是的。你像我们二人转,东北二人转的生存空间和我们东北人的农耕和气候是有直接关系的,包括跳大神,咱们今天又说了四哥如同跳大神的萨满,也和东北农耕生活有直接关系,不是间接的。脱口秀不也是,每个演员几分钟。我觉得那种好像不专业也是一个优点,就是大家来一看,这个人表达能力跟我们差不多,没有本质区别。

呼 → 对,他有一种粗糙感。

贾 → 感觉比在我们公司茶水间说的那些东西稍微好一些。

呼 → 对。

贾 → 我并不要求他专业,我就是要求他稍微好一些。

枪 → 我上大学的时候,在北大听过一回田连元的讲座,我记得当时有人提问评书会不会灭亡?田连元的回答是他觉得评书未必会一直保存下去,但是人们听别人口头讲故事这个事情不会没了,这个从一群原始人围着火堆编故事、讲传说一直到现在是从来没变过的,也不会消亡。

呼 → 当然。你看,这个事情我是这么想的,一个节目火,然后带动出来一批演员火,其实是因为通过节目、综艺,它和商业找到了一个非常好的契合点,在于这个。我跟你讲个事情,据我了解,可能也就是4年前,最多5年前,在上海现在已经不存在的一个脱口秀俱乐部,请演员来演出,出场的演出费用是200块钱,或者是不给钱、给你两张票,你可以叫两个人来看——这个是他们当时最好的脱口秀演员的待遇,就是这样子。现在呢?现在你去上海各个地方看,除了脱口秀、相声,还有些你不知道是什么东西的,都在卖票,都在赚钱——形式是肯定存在的,但要是节目不行了,不能跟商业之类相结合了,就会回归到这了。那时候又有多少人愿意去干这个事情?大部分人就又流失了,又去上班了,什么赚钱干什么就好了。现在,脱口秀真的有大量的人能赚钱。我们讲金融的时候说流动性是最重要的,一个市场不管涨跌,流动性是最重要的,就是有人来、有人走,有人在这个领域去活跃这个东西,这个很重要。

贾 → 你们好像都提到一个词,幸运。建国的提法是,我就是一个本该困守在老家的小孩，我们一个班那么多人都跟我一样，但是我走出来了，这是他对自己幸运的阐释。

呼 → 我懂。其实我之前在互联网公司的时候，也一直在提"幸运"这个词，我们为什么能活到那个时候？我们就是运气好，无论是死了活了，都是运气。但是我最近半年，或者说这大半年的一个看法就是，我看我周围很多人的聪明跟努力程度，他就该这么幸运。

贾 → 对，我刚才要说的就是这个意思，相当一部分互联网公司，咱们不说最优秀的，相当一部分活下来的互联网公司，是因为他的正确选择没有碰上意外，根本不是幸运的事情。

呼 → 对。

贾 → 只要他错得足够离谱，他不可能幸运。

呼 → 我一开始也觉得我是幸运的，我太幸运了，我感激，当然我时刻保持谦卑、觉得自己是被命运眷顾的，但同时，我时不时地也会感觉到，我都这么努力了，也应该可以幸运一点吧。

贾 → 就是"如果这是幸运的话，我应该首先真诚地感谢自己"。

枪 → 其实，聪明本身就是一种幸运。

呼 → 当然。

贾 → 你们谁说的幸运指的都不是一个概率，不是天上掉下来那种。

呼 → 对，天上掉下来的也接不住，还是努力吧，还是非常努力。

贾 → 我媳妇有时候就说我，她说你这人运气好。我说我不完全是运气好，我是掉下馅饼来的时候知道张嘴接的，有很多人是不知道张嘴接的。而且我还要稍微自夸一下，我说我大体知道哪个方向是有一个馅饼的，我会蹲在那块一会儿，但是人要特多我就不去了，我害怕跟别人抢。

呼 → 对，这个就是巴菲特说的"当天上掉馅饼的时候……"

贾 → 他们就是这词吗？也有"天上掉馅饼"？

枪 → 比萨呗。

呼 → 类似于天上掉金子吧，反正类似的，但后半部分在于他说"别拿碗接，拿桶接"。

113

贾 → 利益最大化，把你这个瞬时的利益最大化。

呼 → 就是当你有这个机会的时候，你该熬熬夜、不睡觉，就别睡觉。

贾 → 是清代的一个笔记吧？一个人在自己家后院，发现那条小溪变成金子了，他就抓了两把金子，在上边陶醉地躺着。过了一会儿一睁眼，只有手里两把是金子——是不是阿拉伯故事？在你看来，你的成功，是自己造了一条金河，还是抓了两把金子？

呼 → 你一开始肯定要做对一些事情，做对事情就会给你做错事情一些宽容度。比如说去年脱口秀为什么火？我认为有一部分原因是碰到了疫情，大家实在太憋屈了，就需要笑。我不觉得去年的内容比前年好多少，但是你得坚持去做正确的事，这个很重要。比如说，你一开始定下来的理念是以内容为主，坚决反对抄袭，做原创内容，你可能是熬不住或熬不出来的，你也不知道，但是赶上了一个时候，你可能也就出来了，这个事情我是认同的。我觉得公司，或者我们，都需要继续去做正确的事情。我学数学的，始终得相信这个事情，得相信概率——它是长期给你回报的。

贾 → 回到脱口秀的话，比方说，从明天开始这个行业变不景气了，甚至你收益变成零了，或者基本上就是赔钱，你会坚持多久？还是说只要你能够不考虑生计的话，就可以一直做下去？

呼 → 我会做到我把我那个事情给实现了为止，但"不赚钱，到底能做多久"这个事情是不会让我纠结的。我考虑的事情在于，你有其他方法可以赚更多的钱，你有方法可以获得更多的名，但你还是得坚持你认为对的那个事情，这个是很重要的。

贾 → 那你觉得什么情况下你会放弃呢？是你确信自己达不到那个目标的时候？

呼 → 或者达到了的时候。达到了或达不到都一样。

贾 → 就是通关了，或者是用光了。

呼 → 因为我学金融，所以我就特别坚信长期主义的事情，包括很多烦恼，朋友跟我聊很多东西，我劝别人、劝自己，其实很多时候我们都得把时间拉长了去看，抑或这个事情不是个事，抑或是善有善报恶有恶报，你永远得相信这些东西。善有善报恶有恶报，其实就是你长期做不正确的事情，自然不会得到一个好的结果。

贾 → 我觉得是个行为模式。

呼 → 对，是个行为模式——你去赌场也是一样的，就是这个事情还是有个正确解的，你也在赌场看到很多瞎蒙的人，他们可能也会赚很多钱，但是，他只要一直瞎蒙下去他一定会有输光的那一天。

贾 → 因为赌场有5%的"抽水"。

呼 → 当然。我自己做过赌场的simulation（模型），甚至你跟赌场做到概率一样的情况下，你依然会负的。我们现在的这个世界加速了很多东西，导致很多东西能让你看到。

贾 → 一个人的作风，也就是行事的方式，常常会返回到自己身上，有一些人，他做事情的方式和最后垮台的方式是直接有因果的。这个因果不是太线性发展的，但就是"邪性事一定发生在邪性人身上"，用老百姓说话的方式。

呼 → 对，最后这个事情没有办法去做概率统计，但是它肯定也有一个概率——就跟癌症是一样的，你这种生活方式就是导致你患癌的几率增大，同样，你这种做事方式就是会导致你的某种出事方式可能性变大，这非常正常，当然你也有可能一辈子不会得癌症。

贾 → 但是你不能拿这个作为一个规律性的描述。

呼 → 但是一辈子不出事反而是个小概率事件。

贾 → 对。

呼 → 你要相信数学，相信概率。

插话之四

人和人之间的较量

贾 → 说脱口秀这几年，性格上会有什么变化吗？

呼 → 生活在变，整个的生活方式跟以前比都已经发生了很大的变化，然后你说到底性格是受脱口秀影响，还是受生活方式的影响？其实我觉得已经探讨不清楚了。但是我昨天在想一个事，我觉得我现在在过的是很多人想要退休之后过的生活——不是纯没有事情，又可以有工作，也可以赚着钱，同时又有大把时间可以安排你自己的事情，这已经非常让人羡慕、非常难得了。前一段时间，我就飞到成都去上了一个周末的量子力学课，这个事也很好玩，而且还没上完，因为后面又有工作，上了三分之二就走了。我觉得这些事情还挺吸引我的，正好我也有这个时间——这个事情就非常非常符合我自己想要去做的事情。因为我有一些复旦哲学系的朋友，前两周我又去了复旦哲学系一个内部的论坛，跟他们讨论了一下午什么"自由意志"，讨论这些玩意儿，也很好玩。有些事情是你本来就想去做，然后又通过脱口秀认识了一些朋友，做这些事情的成本就会降低，因为有了别人的信任，成本其实是会降低的。比如说你突然对（哲学）这个事情感兴趣，就会有朋友说我认识复旦哲学系的人，一见面、吃饭、聊天，大家就很开心，觉得是朋友，说到时候咱俩一块儿玩，或者我这边有什么研讨会，咱们一起来听听。再比如说，我前几年喜欢玩"狼人杀"，那个时候"狼人杀"还特别火，我就喜欢玩，前段时间正好接到了一个"狼人杀"的工作，就是录一个节目，一个给专业玩家看的东西，因为我之前也看那个节目，朋友说你来，我说好，然后就跑过去跟一堆主播录节目，杀了一天，杀到了半夜一两点钟。这是之前本来就喜欢又感兴趣的事情，然后现在又有机会把它当成一个工作去做，我就会觉得非常舒服。

枪 → 你是爱好广泛、活得特别丰富的那种人吗？

呼 → 是。

贾 → 脱口秀一开始本来也是一个普通的爱好是吗？

呼 → 对，是一个普通爱好，就跟所有的其他事情是一样的。

贾 → 你的爱好还有什么？

呼 → 看书、金融、打德扑。我喜欢"狼人杀"、打德扑这些东西。

枪 → 都是斗智斗勇的。

呼 → 斗智斗勇的，是人和人之间的一种较量。

F
这不是我唯一的爱

贾 → 你会不会想，十年以后或者二十年以后，你不一定做这一行了？

呼 → 当然会想，都是有可能的。

贾 → 甚至去重新创业干一个科技公司研究脑机接口？

呼 → 是，当然。

贾 → 我的感觉是这样——这些东西给你的快感是平行的。

呼 → 是平行的，但是你对这个事情有一个预期，然后你能达到你的那个预期。比如说，我觉得脱口秀是一个艺术形式，那这个艺术形式必然有它表达所带来的边界，但这个边界究竟到哪儿？我希望我能做到我认为它最大的这个边界，然后，这个事我就没什么欲望了。

贾 → 你要自己去设立这个标准，相当于你自己建一张"红警"的地图、建一张帝国的地图跟自己玩，玩好了，这个事情就这样了。当然，这个事情是你的一项技能，比如说五年之后你有什么想说的，那你到舞台上再去说。

呼 → 对，所以我现在在做的事情就是用我的创作和表演让我自己开心，或者说让我自己瞧得上自己，这个事就OK了。

贾 → 你也不会认为脱口秀是唯一的一种表达自我、确认自我的方式？有些演员可能会觉得在脱口秀舞台上对他的精神是一种发泄，但是你会觉得很多事情都会有这样的功用？

呼 → 对，我们有脱口秀也没有多少年，没脱口秀之前老百姓还没个发泄的口了？对不对？

贾 → 你不会用匠人的态度去对待脱口秀是吗？就像今天东东枪说的，你不会把目标设定为做一个脱口秀大师，是吗？

呼 → 不会。

枪 → 我觉得你不是特别爱脱口秀这东西。

贾 → 不是特殊的爱。

枪 → 因为你爱的东西很多是不是？

呼 → 对。

枪 → 这个事不是你唯一的爱？

呼 → 对，这不是我唯一的爱。

枪 → "我发誓要一生守护着你，无论贫穷或富有……"

呼 → 不可能。完全没有这个意思。我特别敬佩那些匠人，比如说你做寿司做一辈子……

贾 → 很多匠人也是因为不够聪明，这是实话。

呼 → 对，但是现在有个说法，说这就是内卷的结果。

贾 → 过去的世界它就这么大，你不卷也没什么好出路，我就只能干这行了。日本一个著名的厨师叫小山裕久，做怀石料理出名，说的话特别实在，他说我年轻的时候是不可能像今天的年轻人那样选择什么职业的，没机会想"我是谁"的问题，我就要在这一行干一辈子，养家糊口，在厨房里琢磨自己是谁，所以他就必须要做匠人。

枪 → 不可选择。

呼 → 不可选择，对，做着做着可能就一辈子，然后就被人叫成匠人了，其实就是这样。一个人做这个事做五十年，肯定比做十年、做二十年的人要强，这是毫无疑问的。

贾 → 而且这些人年轻的时候，十几岁就入行了，书也没读那么多，然后觉得匠人这个说法形容自己的人生还不错——你不会认为"职业"是一个重要的概念，对吗？我觉得未来世界的人可能也会这么认为，"职业"会消失，会在脑机接口之前消失。

呼 → 对，我不觉得一定要去干一个什么事情。

枪 → 你在说脱口秀这件事上有没有个理想？

呼 → 理想就是找到我认为的那个边界，看它到底能表达多少东西，是不是能把我所理解的、所知道的生活、世界给表达清楚。还是有一些水平的局限吧，和这个艺术形式的局限。

贾 → 是有一些主题你想探讨出来吗？还是你有一些情绪要表达出来？就是你希望在那个边界表达的东西是什么？是你对于什么的态度呢？

呼 → 方方面面，比如说有一些学科的东西，脱口秀能表达出来一些哲学的东西，这个事情就会让我非常开心。会非常难，我就看这个事情可不可能吧，如果用脱口秀能表达出来像您写的东北的那种生活的东西……我当时写出过一篇，去年，我试过的，坐到这儿我就实话实说，我写过一个东北搓澡之类的东西，非常不成功。但我当时的想法是想写黑色幽默，想写东北那片土地上面非常荒谬的东西，但是不成功，后来就把这事情给放下来了，今天我们聊天，又唤醒了那个东西。

枪 → 你是在哪儿长大的?

呼 → 东北大庆。

枪 → 待到多大?

呼 → 15岁。15岁来的上海。

贾 → 你在上海也没学会上海的地方口音?

呼 → 对,但我东北口音已经很少了。

枪 → 啊?

呼 → 还很重吗?

贾 → 还是挺重的,我是标准哈尔滨口音,你这个有点偏吉林那边。

呼 → 还没出东北呢?

贾 → 已经走了几百公里了,还差一两千公里就到了。

呼 → 但是我能听懂上海话。

诞 → 还能听懂英语。

呼 → 是的。

插话之五

东北的魔幻主义不比拉丁美洲更逊色
＊李诞、罗丹妮申请加入群聊

枪 → 上海、国外、东北,你待过的这几个地方的幽默方式,你觉得有什么不一样吗?

呼 → 肯定不一样,比如说我们东北人很常见的一种幽默方式就是喜欢抬杠,没事就喜欢杠你一下,我自己分析,跟环境、地域其实关系都很大。比如说前两天我回家,老家寄了点香瓜之类的,之前我爸出差,过了很久我妈才拿出来吃,我爸就特别看不惯我妈这种东西放着要坏了才吃的习惯,然后我妈昨天就说拿出来切了吃,我爸说:"你拿出来吃干什么?你不得等放坏了再吃吗?"这个其实是非常非常我们东北人的话,在南方你是很少见的。反正就喜欢戗着人去说。

枪 → 不顺着茬说话。

贾 → 是顺着你错误的这个茬去说。

呼 → 对。

罗 → 这是东北人的特点吗?

贾 → 也说不好,美国情景喜剧里有个经典的台词,对方说了不该说的话,就抱怨说"你声音再大一点,外面的人听不见",不也是种同样的逻辑吗?

贾 → 东北确实有这么一个习惯,他先观察你——其实是东北人会找你一个疼痛的点。

贾 → 东北这个冲突方式就有一个缺陷,是它没有办法刹车,就是两个人想下台但下不来,这种对话是——"你啥意思?""你说我啥意思?""你有干的意思吧?""我干不干咋的?"……下不来,没有一句话往下走的。可能主要是因为东北人少。

枪 → 是先因为这样,后来人才少的吧?

贾 → 一开始人也少,这个冲突的缓解机制就没建立起来,大家伙儿都不是在一个家族、一个什么关系里面,都是外来户,这一个村本来就这一户人家,再来一家挨着他住,一家一家,就形成了一个屯儿,一个村子就这么成的。

枪 → 人稀,关系也没有那么密。

贾 → 关系稀。对,你要问路也是,东北人问路是——"哪哪咋走?""淮海路咋走?"他不知

呼 → 是的。

诞 → 对,老外特别爱这样说话。但东北这么说难听得多,老外这么说不难听。

诞 → 找你最不得劲的那个点。

道跟人说"大哥，麻烦你，淮海路咋走？"他说我们在老家就这么问路，我们不知道这个没礼貌，我跟我爸也是这么说话，是吧？这个事情没办法。但后来我到了北京，待了一两年之后，就知道北京人的愤怒是有道理的，因为他们对这个东西的要求特别不一样，这是在北京生存的一个基本原理，但是我们那儿不知道。我小时候，让我特别震撼的一个新闻是在报纸上看的报道：我们东北有对新婚夫妇到北京去，在胡同里随意小便，被胡同老大爷指责，俩新人把这老大爷打死了，大概是这么一个故事。当时这个故事给我印象很深，后来我就想明白是怎么回事了。这俩青年可能不只是恼羞成怒，而且是不知道怎么办，北京大爷骂街，你想想吧……没有别的办法，我又不会道歉，那就只好打死你。

枪 → 北京的口语里边，是真的有"您"这个字的。

诞 → 对。

枪 → 他们跟外头上岁数的人，甚至在家里边跟长辈说话，是真的有"您"这个字，我家那边方言是没有这个字的。

贾 → 对，东北也没有"您"，除了在体制内。

枪 → 嗯，在家不会跟爸爸、妈妈称"您"，我从小到大跟我爷爷奶奶说话也没用过这个"您"字。

呼 → 我前年回东北巡演了一次。因为回去了一趟，还是看到了很多小的时候没理解、没看到的

贾 → 今天你说那些感受的时候，当你认为你在如实说，很多东北人就会说你在"抹黑"。

一些东西，然后觉得如果能够用文字把这个感觉写出来，其实还是挺好的，但是没成功，有朝一日吧。

呼 → 对，之前还有人说我是抹黑，但是无所谓，在我的评价体系里面，观众这个评价并不是特别重要的。对于我来说，我自己想写这东西的原因就是，我觉得东北的魔幻主义不比拉丁美洲更逊色，这些故事值得被写下来、记录下来，讲给大家听。因为很多东西的发生，你甚至都想不清楚，很多东西是没有源头的，你根本找不到这个事情根在哪里，这就太好玩了。我们去过一个夜店，到现在为止，那里还有一个环节，就是捧上来一束花，就是正常的一束玫瑰花，然后下面就开始竞价，就是喊价，价高者得。我们那天晚上那一束花大概是被一个大哥10800块买走了。就是一束花，纯一束花。大哥直接从包里掏现金，给的现金。我很诧异，我说这么贵，买这么一束花。他说这是不年不节，才是这个价格，前段时间情人节，一束花叫到了20万，最后还是主持人，就是那个店里的老大说，这么叫就出事了，这干吗呢？他给叫停了。

贾 → 他这束花是献给他老铁的是吗？

呼 → 献给他带的女的，其他的我就不知道了。

贾 → 那肯定是老铁了。

呼 → 对。

枪 → 没有给自个儿媳妇花一万八买这个的。

呼 → 反正老四说的——老四那天也在，我们一起去的，老四说肯定不是媳妇，媳妇花一万块钱买这花得弄死你。

贾 → 他这个环节想得挺好玩的，东北你要说魔幻，就一定是这样赤裸的魔幻。

呼 → 我觉得很多事都没有由头，比如说我去沈阳一个喝啤酒的地方，去采访那个老板，老板跟我讲，现在好一点，之前打架，一天晚上打六七起架。我说因为什么打架？他说这桌喝多了，吹牛，说市长是他亲戚，那桌听见了，说他妈的，你这亲戚天天干啥呢啥都管不好……打起来了。

贾 → 那就是为了沈阳的发展打起来了。

呼 → 对，打得忧国忧民的。

CALL BACK
我觉得哪儿都不对劲

2022年1月，呼兰与贾行家、东东枪、罗丹妮再一次长谈。时隔半年，呼兰又补充了一些新的想法和感受。

呼 → 那次聊完之后，又有很多的变化。每年通过《脱口秀大会》这个比赛，自己的水平感觉会有一个提升，对这件事情本身的认知，包括对于写脱口秀这件事情，都会产生一些想法的变化。我觉得挺有意思的，这个事永远都没法聊到头，这个行业、我们的想法，其实是一直在变化的。一些话，一旦把时间拉得长一些，比如说半年之后，再给你稿子看，你就觉得不对了。可能是成长吧，或者说认知产生了一些变化。其实是个好现象。也没什么错，只是你的想法产生变化了。

贾 → 那这段时间的变化是什么呢？

呼 → 是对这个行业整体的认知。比方说，一个挺大的变化是，我觉得我比那个时候（2021年7月）更喜欢干这个事。你看那时我还说我有一个感受是也许我以后会去干别的，就不干这个了，会总这么说。但我后来发现，虽然嘴上天天这么念叨，但好像干得越来越起劲，还是从中发现了一些乐趣。好像之前说永远干这行的人都没在干了，我天天吵吵着不想干不想干的人反而还继续在干。好像近来这段时间的确发现了一些乐趣。

枪 → 这乐趣在哪儿呢？

呼 → 发现水平好像跟自己期望的又接近了不少。就像打游戏，你突然装备变好了，或者升级了，你就会发现一些新的乐趣，可能又开始沉迷。一开始你总是拿个木棍，打不过去，那你一会儿就不玩这个游戏了。要是恰好能满足自己的期望，在这个里面能做的事情也会更多一些。

枪 → 这个是自己的感受？是来自外界的评价，还是你自己对自己的认识？

呼 → 跟外界也有关系。以前大家还只觉得这是个综艺，是茶余饭后看看的一些好玩的东西。但到了2021年，我发现越来越多所谓知识分子开始关注这东西了，好像大家之前是瞧不上这个东西的，说这就是讲笑话。但现在，大家好像觉得这东西还是讲出了一些门道，是值得去听一听的。这是我的感受，我不知道你们的感受是咋样。

枪 → 我觉得不止是知识分子，脱口秀确实在变得更大众。以往可能只有一小部分年轻人、综艺和喜剧的爱好者在看，近来则是真看到身边的普通同事、老同学们什么的，也在聊天群里聊起了这些。喜剧好像终于变成一个公众话题了。《脱口秀大会》，包括后来的《一年一度喜剧大赛》，好像都已经变成了"全民综艺"。而且，以往大家似乎只在意那个笑话，但近来大家也听你们所说的那些观点了，大家真把它当做观点来讨论，甚至有时候还吵起来了。

贾 → 有没有什么作品让你感觉"我升级了"、"这件事情又好玩了"？

呼 → 有这种感受，就是《脱口秀大会》比赛里写的那几段东西。写着写着就发现了，虽然创作起来很难，但我写完之后讲出来，就觉得这个事好像还挺好玩的，我们可以讨论一些想讨论的东西了。你能写的东西是多的，你的笔就变得更自由了。这个所谓的自由就是能力上的提升，你发现自己好像还行，还 OK。

枪 → 笔力矫健了。

呼 → 对。

贾 → 能在一段脱口秀里面表达的东西变顺了、变多了。

呼 → 变顺了，变多了。脱口秀肯定比不了电影，你没有人家的表现手段丰富，那到底它的上限在哪里？比如说你现在还是没有办法去驾驭一些话题，很难把一个非常悲伤或者说非常惨的事情写得很好笑。但是你再往下面一些，其实还有很多东西是能驾驭的。这个事情就是靠大家一起去突破，你自己只要做到过，你就知道是可行的。

贾 → 看起来，《一年一度喜剧大赛》里头那些作品，表现的手法就更多一些。有灯光，还有舞美、剧情，有舞台表演那些手法，视觉上的东西也会非常强，和脱口秀完全不一样。它反倒可以把观点藏着，有一个情绪就行。

呼 → 对，有个情绪就行。但是它语言上的魅力就会弱，对吧？不一样。

贾 → 前些天李诞说发现一个湖南的阿姨来讲脱口秀，讲得挺精彩。但是我们能够明显地知道，她和你们这种真正的专业的、职业的演员，是有一个质的区别的。就像我前段时间看画家刘小东说，画家怎么叫"职业"，他说他画画戴围裙，但是画完，这围裙是干净的，一点都不会崩到——进入到这个状态，就是职业。我觉得各行各业其实都是这样，庖丁解牛那种专业性。你觉得你那种感觉在哪儿？

呼 → 我实话实说，我觉得没有这个点。我的确觉得，只要拿个笔开始画，人人就是画家。最后就是看这个画别人认不认可、卖不卖得出去。就像打乒乓球一样，一点专业训练都没有，在公园打了30年，没关系。最后说你厉不厉害，还是看你能不能打赢。我们之前只是靠开放麦，一个个地发现演员，这个其实对整个行业也不是一个什么好事。我觉得没有什么东西不叫脱口秀，只要你站在舞台上，那就是脱口秀。你水平好，你就参加比赛，你要觉得差一点，你就来开放麦。行业要有流动性，我觉得这个是最关键的。你别管他为了啥，只要来了，为这个行业创造流动性，就可以。跟金融市场、股票市场是一样的，最宝贵的是流动性。一个东西没人买、没人卖，是最可怕的。所以我们真的不会去定义什么"是"或"不是"。是不是专业脱口秀？无所谓。大家都是。

贾 → 如果现在你写一个作品，你知道这个作品是一个你喜欢的、好的自我表达的东西，但如果拿到比赛上去，这段东西效果不一定好，不容易拿高分，你在创作时会怎么选？

呼 → 所谓的没拿高分，就是它没那么好笑。结果重不重要？名次重不重要？重要。但重要的点在于如果我能比到后面，我就能多写几篇稿子，就能多说几篇。如果第一轮淘汰，你就只能说一篇。所以，对我来说，进不进决赛这件事情很关键，进决赛了，得第几名并不关键。

贾 → 看重多说几篇，在于需要被更多的人看到你的表演。

呼 → 每个人都喜欢自己写的作品被更多人看到。我当然希望有一个最好的平台，有个最广泛的渠道去做这个事情。别白瞎了你自己费劲写的这个东西。

罗 → 我还是挺好奇，你觉得能写的东西越来越多，创作感觉越来越好，但同时，你会不会觉得你本身的生活经验可能会变得相对单调，日常没有那么多冲突矛盾了？

呼 → 我本来写的时候也没完全以事件作为支撑，这个其实就不是很消耗经历，而主要是我对一件事情的看法和理解。看法和想法是无穷无尽的。

枪 → 你观察的不是外界，不只是那些现象层面的荒谬。

贾 → 既然说"荒谬"的话，那你肯定得有一个自己立足的中枢吧。这个中枢，不同的脱口秀演员不一样。有的是情理，有的是感觉，有的就是完全的逻辑。你的呢？你认为最可靠的那个东西是什么？

呼 → 最可靠的，说得虚一点，就是你的价值观啊，就是你认为对的事情应该是什么样子。我们可以讨论具体的、所有的事情，谈消费，谈男女，都可以讨论，每个事情会有一个背后的逻辑、观点，我觉得现在很多东西都在偏离这个观点。

贾 → 你是在用你的核心价值去碰撞那些荒谬的、坚硬的东西。那它是什么呢？探究价值观，是因为有些价值观是价值工具，不是价值观本身。

呼 → 我觉得好像我自己的那个东西很难拿一句话去描述出来。我就是觉得很多事情不对劲、奇怪。比如说我前两天去参加某个大平台的一个活动，中间有很多地方，我就觉得非常之不对劲。首先，进场的时候艺人往里走，工作人员往外出，因为里面不能留工作人员，那个进出的人数就完全不成比例——几十号艺人走进去，走出来的工作人员人山人海。我总感觉哪儿哪儿不对劲。然后还有个环节是艺人接热线电话，接到一个电话，那头是个年轻人，跟我说，"我今晚上打了四五个小时，一百多通电话啊，终于打通了"。我说那你打电话干啥呢？是有什么愿望呢？他说我就想考研成功。我说你要考研你还在这儿打一百通电话？你这怎么考研呢？

贾 → 那个正确的价值观，就是一个正常的年轻人应该怎么过日子。

呼 → 我的想法是我觉得这个问题不出在年轻人身上，出在制造这种文化的那些人身上。我觉得那些人如此之聪明，他们肯定知道什么是对的、什么是错的，知道怎么能赚钱的绝对不是傻子，但他们做了一些事情，我觉得是非常错的。那天，我回到那个酒店，酒店下面就有一堆年轻人在那里等着拍照片，我一进门，他们就从沙发上站起来，哗哗哗一阵拍。我说别拍了，你们肯定不是要拍我的。他们说不是，就是拍你的。我说我一辈子就没见过在酒店门前拍我的，怎么可能是拍我？你们坐下来快歇会吧。后来，半夜一点多钟，我发现那些年轻人还在下面等着，不知道在等谁。真的，都不对劲。我觉得哪儿都不对劲，但不是年轻人的问题，我觉得就是这些制造这种文化的人的问题。

贾 → 当年罗永浩老师说过一句话，就是"咱们都正常一点"，是吧。

罗 → 对，我现在就不知道啥叫正常了。

呼 → 没事，反正我还挺坚定的，我觉得。

贾 → 人的正常也是比较出来的。

罗 → 如果说回创作，你觉得现在最困难的是哪一部分？

呼 → 现在创作出段子本身就困难，极其、非常困难。

贾 → 那时候李诞就说亲眼目睹过你们每个人的崩溃，从80分到100分的这个艰难，没有任何人可以教的。你心目中的100分是什么样的？

呼 → 就是继续稳定产出，多覆盖一些不正常的事情。

罗 → 我觉得你做这工作还是有使命感的。

呼 → 不愿意提，但是是有的。

贾 → 有没有哪些段子或句子可以当做典型，是你过去写不出来，但现在可以写出来的？以前是差在什么地方呢？

呼 → 差在之前水平不高。

贾 → 认知水平不够高，还是表达水平不够高？

呼 → 反而是好笑的水平，就是怎么能把这么多事情给写得好笑。很多话题，今年聊，去年聊，其实看法是一样的，不会差太多，但这个事情去年写就写不好笑。

枪 → 你写段子的时候一般是做加法还是做减法？是先写一个简单的，不断往上添，还是先写一大堆，再往下删？

呼 → 加，是往上再加，加得非常困难。就是我知道这一段大概需要一千两百个字，相当于凑字一样。就是你大概知道你要描述的事，知道大概的落脚点，一点点凑。你的观点是不变的，你不能写着写着飘了，写着写着，说，哎，那个观点好像写起来更容易、更好笑。那就错了，那就完全不对劲。

贾 → 笑果已经做到第五年了，再做五年就是一代人过去了。当年听你们的那些人还听不听？新来的人怎么看你们？你已经不再是他们的代言人了吧？

罗 → 你现在会有这种想法吗？比如，你觉得你已经不了解一些年轻人的想法。

呼 → 没有，但是我非常同意贾老师这个说法。前些天河森堡讲了一个事特别有意思。他说他儿子现在三岁，一次看电视，电视里演以前的电影，他问他爸爸，他们怎么不戴口罩？因为在他的印象里，人人都戴口罩。

你看，其实一样的，你一旦时间做长了的话，它就是一代人的记忆和一个共同印象。如果能做下去，就能形成一代人的记忆，成为他们生活中的一部分。我们80后也有我们感谢的那一代人，在之后的生命中，我们无时无刻不感谢这些人，虽然不知道他们现在都在哪儿。

枪 → 也许过三十年，互联网上会冒出一个帖子来，说，你们都不知道吧，我发现了一个被人遗忘了的老综艺节目，还挺有意思的，叫《脱口秀大会》……

呼 → 现在，老罗语录之类的不也时不时地会被挖出来吗？可再怎么样年轻人也不听了，反正就是这样，就过去了。

THE SECRET TO COMEDY

周奇墨

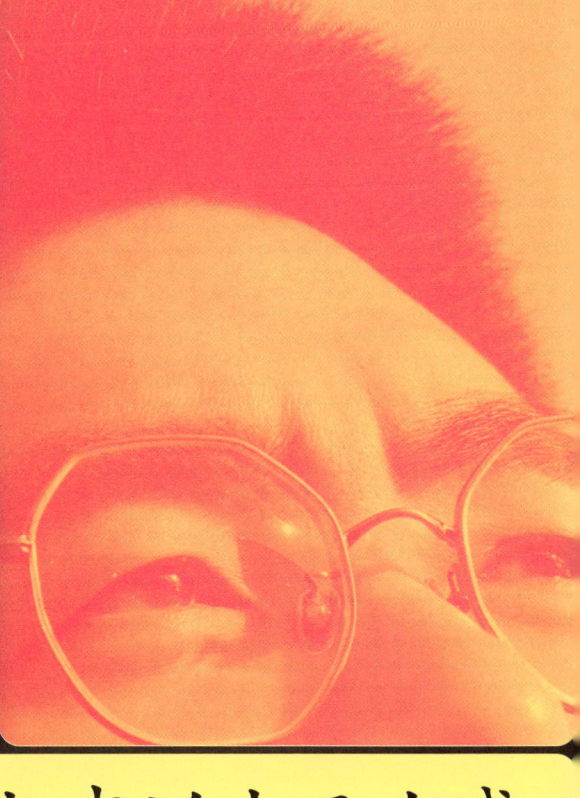

大声说出无力感 ◯ 大声说出无力感
大声说出无力感 ◯ 大声说出无力感

THE SECRET TO COMEDY, STARTING WITH STAND-UP

喜剧的秘密：从脱口秀说起

整理
→ 贾行家

周奇墨 × 东东枪 × 贾行家 × 罗丹妮

贾 → 有一个问题是东东枪逢脱口秀演员就要问的——"三位你最佩服的同行是谁？"，收到的答案都包括你。

枪 → 你说可怕不可怕。

贾 → 那么，你的答案呢？

周 → 太社会了，这些人。真的很难说。现在你问我三个最喜欢的国外演员，我也很难说出来。之前，我有特别喜欢的演员，现在我是在每个演员身上看到我喜欢的地方，但是已经没有这个感觉了——这个演员是我最喜欢的，我要模仿他。

我现在喜欢的都是不同人身上不同的点。我比较喜欢天分型的选手，比如呼兰。他们的东西一拿出来，你就知道这人有天分，不只是他非常努力、经过多少次练习才达到了这个状态，他们的东西讲出来，你就知道非常有灵性。这个东西不是公式化的，不是纯靠技巧写出来的。

A
・天花板先动的手
・天花板有些压力
・天花板作出切割

这有一个检验标准，可以看这个演员平时的一些口头禅、自己的段子有没有形成一种 IP。如果连其他演员都愿意说他的一些口头禅，像"难道这不好笑吗？"，就说明他非常有感染力。这种东西没有啥技巧，就是从个人天性里发展出来的。

枪 → 他自己发展出来一个语言体系，并且这个语言体系还影响了别人。

周 → 这种我欣赏的风格恰恰跟我自己的风格不像，可能也是因为自己做不到。

枪 → 为什么大家都叫你"周老板"？

周 → 没记错的话，应该是石老板最开始调侃我，叫我周老板的。这是戏曲行业对演员的称呼。

枪 → 这是两个老板之间的客气。

周 → 然后就不知道怎么传出去了，叫我"周老板"的越来越多，一直传到观众耳朵里。

贾 → 有关你的另外一个"板"是"天花板"。我们对一个不太熟的行业，很容易死抱着一两个标签。职场里也说天花板，指的是晋升空间的上限，比如我今年58了，向上看不到出路了，就说"碰到天花板了"。咱们下面只说这个标签的客观效果。

枪 → 说实话，我最早听到周奇墨这个名字时，就是附带着一大批赞美的。那时候我还没看过你的演出呢，网上、现场都没看过。好几年前，跟李诞等人聊天，他们就都向我提到"周奇墨"这个名字，说"非常好"等等——看起来似乎是，对你的称赞已经在脱口秀圈子里流传了多年，甚至成了很多人的共识，而且是远在你上这些综艺节目、被大众知道之前，远在"天花板"这个称谓被大家知道之前。

我相信这类赞誉，你本人听到的会比我这样东一榔头西一棒子听到的更多。我当时就想：如果换成我是你，听到这些恐怕会非常痛苦。我不知道我臆想出来的压力是不是真实存在在你身上？你怎么处理？

周 → 现在微博上有人发什么"天花板实至名归"之类的，我就感觉很惶恐。别人说你不配被叫天花板，你不得劲儿，说你配，你更不得劲。骂我，我最起码有一个低的姿态可以面对，还有一些空间。但是一旦人家说你实至名归，把你给架在这儿了，我的天呢，更难受。那我以后怎么办？我还讲什么东西能超过原来的自己？我没有上升的空间，那剩下的只有一条向下走的路了，这个挺吓人的。

上节目之前，我得到的评价，也都是像枪总说的这样，是别人转述的，像谁谁说了你一句好话这种的。我们这个行业，大家还是挺真诚的，都觉得当面夸你太社会、太江湖了，都是在背后说一说。那时候我听的都是转述，就一笑而过了，总体的态度是不干预，也不会每次听到都谦虚一回，"哎呀，哎呀，真不是，真不是，你可别这么说"，反而挺假的。

其实，我心里是不这么认为的。大家对你喜欢、认可，你可以感到高兴，但不会去当真，就觉得"哥们天下第一"。脱口秀这个东西绝对没有什么"第一""天花板"，"文无第一，武无第二"嘛。到了上节目以后被人这么当面叫，确实就很有压力了。

我去年有一次下了场以后稍微有点儿情绪失控，在我们演员群里发了些话。当时是怎么回事呢？我去开放麦也好，去商演也好，前面的演员经常会cue我，拿我当梗，说"我知道大家今天都是冲谁来的，我就表演15分钟，周奇墨一会儿就上场"。那次开放麦挺夸张，九个演员里有六七个都在调侃这个事儿。我就在群里说了一句："大家以后在场上请不要开这样的玩笑了，把你们换到我的位置，你是种什么感受？我不想在线下的时候也被这样加到梗里，能不能让我好好演出一次？"那是我很少出现的情绪失控。我那次失态是因为感觉自己从上节目就一直在背负这些压力，到了线下，为什么大家还用这个事儿来调侃？

当然，作为演员，我完全理解他们的出发点。比如说，作为一个还没上过节目的演员，跟上过节目的演员同台，为了自我的安全，让大家的注意力在自己身上，会拿这些事情出来说，先降低自己的姿态。但是这个东西对我是挺有伤害的。

贾 → 你刚上节目那时候，我在知乎上看到一个问答，大概就是"如何看待周奇墨被称为脱口秀天花板"，有的答案已经发展出了系统的阴谋论，振振有词地分析这个名头是给你挖的一个什么坑，细节很丰富。这是人置身事外八卦的时候爱用的腔调，真要在问题里面，往往知道情况是很单纯的，都是很即兴的判断和反应。我感觉大家选你出任"天花板"是真诚的，是不是因为同行们也都不太知道在中国到底怎么用中国话来讲脱口秀，觉得你先于大家看到了一些东西？

周 → 我也不知道。这种称号肯定有玩笑成分，这个词的含义太绝对，压力挺大的。

罗 → 这可能还跟一个人的品格、性格有关，这可能是个不专业的角度：大家都这么讲，除了你的段子好、表演技术让大家佩服，也是对你整个人的肯定。因为不是所有人都能受得了这种夸奖的，大家知道你能承受，人格不会受影响。对于其他一些有才华的人，这样的评价可能会毁了他。

枪 → 大家预感到了你的德艺双馨。

贾 → 对了，在你收到的负面评价里，有什么印象深刻的？

周 → 我是从去年（2020）上节目以后，才体会到什么叫职业黑子。他每天要发好几条微博，都是关于你的，他会去听你的播客，看你在其他节目上的片段，在网上搜你的表演，从各个角度、长篇大论地、有针对性地一一否定你，骂你。最开始，我确实不理解，说实话，现在也不是很理解。我觉得大家都有讨厌别人的权利，你讨厌我，包括骂我两句都很正常。但是他怎么会有那么多的时间，把情绪全都投射到一个演员身上？我觉得这还是挺难理解的，对我来说，这是个挺新的情况。之前在线下演出，如果观众不喜欢，就是下次不再来看了，偶尔上网说两句而已。

对我去年在《脱口秀大会》表现的批评，我特别理解。我的段子本身问题不说了，也是预期被拉得很高，出场没有满足大家的期待。后面还反复复活，这让大家讨厌。那个时候我想了一些自我化解的方式，就是检查自己：一是我在这个节目上有没有做不道德的事？就比如讲了自己完全不想讲的东西，讲了纯粹为了迎合大家、哗众取宠的东西，讲了不是我自己真正信服的东西？没有。第二个是那些批评里有没有可以借鉴的？我会不会因为这些评价改变我的表演风格？也没发现。

我通过这两个问题，相当于把自己和对自己的评价作了一个切割。

B

我被那些细节打动
· 温柔的人可以说脱口秀

罗 → 你是怎么开始对喜剧或者说脱口秀感兴趣的？你是从小就有这方面的天赋吗？

周 → 说脱口秀的人多多少少都有一些天赋，这是入门的门槛。演员最开始的那五分钟是没有人教他的，都是凭天赋写。但是很少有人是真正的天才，天才可是凤毛麟角的。

我喜欢脱口秀是因为自由。可以在舞台上做一个不一样的人，可以说一些平时不太敢说的话。我是个很内向、不太愿意跟人发生正面冲突的人。人在这种情况下肯定会积累一些怨气，包括一些冒犯性的想法，这是没法在生活中去直接表达的，脱口秀舞台给了你一个豁免权。

你在这个舞台上讲的所有的事情都以玩笑的形式，你就感觉可以做不一样的自己，或者能做一个你希望成为的人。我通过脱口秀改变了很多，我之前的个性比现在还要内向，给人感觉是严肃、非常紧绷，现在已经好一些了。

枪 → 你不是从小就幽默好玩？

周 → 也有幽默好玩的时候，但绝对不是那种大家都知道的好玩的人——分跟谁在一起。我对相声、喜剧从小有兴趣，我记得小时候班级开联欢会，我会在杂志上找一段适合学生说的相声，跟同学去表演，老师挺惊讶的。咱们这么一聊，我还想起来大学里也跟室友组过一段相声去参加学校比赛，最后还代表学校去参加东三省的一个什么杯……好像是叫大豆杯喜剧比赛，一共10组选手，所以我们进了前十。拿到的奖品是一部"小灵通"电话，两个人分这一部小灵通。

枪 → 这离作为相声演员出道只有一步之遥了，后来怎么就过渡到了脱口秀呢？

周 → 相声对我来说顶多是一种偶尔的调剂，一次冒险，我从来没觉得喜剧会跟自己有啥关系。我后来真的想做脱口秀是北漂了两年以后，觉得生活非常乏味无聊，感觉活得非常迷茫，想寻找人生的意义是啥。那一阵就在网上看国外脱口秀视频，其中有一个宋飞（Jerry Seinfeld）的专场，我看完以后感觉一下被击中了。读大学时我也看过脱口秀的视频，就没觉得跟自己有啥关系。但是在那一刻，可能因为我正在思考活着的意义，才一看完那个专场就觉得以后就要干这个。就是这么突然。然后我就开始搜北京有哪些能看演出的地方，有什么单口喜剧俱乐部，慢慢就成了里面的一员。

贾 → 我一直挺好奇，你为什么是被宋飞的表演击中？你在"看理想"做的《十大单口喜剧专场》的音频课里就讲到了看宋飞的那个专场《老子最后跟你说一次》，你说你看到观众起立鼓掌喝彩一分多钟的时候热泪盈眶，说得很动情。我好奇的是，很多人是被像路易·C.K.（Louis C. K.）、戴夫·查佩尔（Dave Chappelle）这种观点和情绪很强烈的演员击中的，而不是宋飞那种温和的、干净的观察喜剧风格，这是因为他的气质、风格和你接近吗？

周 → 我当时觉得宋飞牛在他能把这些生活细节讲得很好笑，这让我觉得特别厉害。我比较容易被细枝末节的、微小的东西逗笑，可能我的幽默感触角就是在这方面稍微发达一些。所以宋飞讲的那些段子我都能get到，都觉得好笑，然后就特别佩服。别人讲的东西，要题材很刺激才能把你逗笑，但是宋飞不用那么刺激的题材，居然能把我逗得这么开心。

贾 → 你们的喜剧气质确实有点儿像。

周 → 我当时根本不敢想自己有啥气质，我纯粹被他的气质吸引，可能是后来慢慢开始模仿他，把自己发展了出来。

贾 → 我也一直在猜，为什么国内的脱口秀同行会比较普遍地认同周老板是天花板。也许是因为观察喜剧是多数演员的起手式，从"你有没有注意到一个现象"开始是比较容易入门的，大家都这么演过就能感觉到把这个最基本的东西做到比大家都好有多困难。我觉得你对细节的观察和呈现，好像和别人的表演的分辨率都不一样，作为观众的体验是更近、更清楚，别人的表演可能是在对象上"扎"一下，然后就把视角带回到自己身上来。

周 → 我的感觉更细一点是吗？

贾 → 你接下来的第二眼、第三眼，还是继续停留在观察对象上，去推背后那个比较实在的东西。别人在这里就开始说自己为什么觉得这很奇怪、很可恨了，但是你会更有耐心，接着向里面观察和呈现。比方说，你在节目里说到过网约车司机的状态，说你父亲的言谈举止，包括你的专场《不理解万岁》里那些人物和现象，大家的感受是很"稳"，这个稳是一种更深入的观察带来的，这是技巧，还是生活态度？

周 → 这种创作还是挺从本能出发的。我感觉一个东西不讲太细的话好像就没完成，我只有讲得足够细了，才觉得这个段子完成了，然后才能把后面的发挥讲得有意思。粗枝大叶的段子，在我的审美里就觉得没那么好。

我特别容易被一些细节打动。前两天在微博上看了一个段子，我就觉得真好，心想那种细节怎么不是我最早发现的。估计你们几位可能看过了吧，说的是有个人去国外看音乐剧，观众都哭得稀里哗啦的，但是他听到后面有几个中国观众在那里算钱，估算这个剧一场票房是多少，一年下来要演多少场，总收入是多少，演员一年能赚多少多少钱。确实，我们走到哪儿都爱这样去计算，看到什么都在想干这个一年挣多少钱。这个洞察非常有意思。

贾 → 你的表达风格是点到为止。有些脱口秀演员接下来要价值判断，去讲后面他认为的道理和观点性的东西。你认为不把这些说出来是更好的完成状态？

周 → 有两个原因。第一是我确实形成过一种理念：展示，但不评论。我之前有个专场叫《不良教育》，从这个题目你也能听出来我的观点。专场里说的是我们教育里的一些现象，包括我小时候受到的学校教育、家庭教育、社会教育。其中有个段子是说，现在经常能在街上看见一个小孩追在大人后面，平伸着双手，动作跟僵尸一样，哭喊着"爸，别不要我"，他爸爸说"不要你了！听见没有，不要你了！"这种事儿我是看不惯的，我很想去批判这么做父母的人，但是我又想，作为一个艺术工作者，是不是只要把这个东西加工出喜剧效果，搬到舞台上就够了？剩下的工作应该交给观众来完成？应该是听者有心，如果观众对这个问题敏感，可能会就此引出一些讨论，关于原生家庭的，关于父母教育的，关于我们对儿童人格的培养的。如果观众没想到那一步，只当作一个段子来看也行。我有一些段子背后有明确讽刺的对象。《不良教育》里有一段在去年的《脱口秀大会》也用了，效果不太好。我讲的是学生们怎样齐声读课文，齐刷刷地摇头，怎么样摆头唱歌。其实我想说的是教育的导向问题，但是从理念出发，不会说到特别明白。这是第一点。

第二点是因为我本来也不是个在表达上很强势的人，我不喜欢对别人说教，跟别人意见不同的时候，我也不经常发表不同意见，我会保留意见，点头告诉对方"我明白你的意思了"。这可能造成了我在舞台上也不太愿意去直接使用观点。

再说，讲观点想要讲得好笑，讲得既不说教又不枯燥是挺难的。你一让观众去思考你说的话，他就不会发笑了。当然，既有洞察又好笑，这是我希望达成的目标。

枪 → 我刚才一直在想，周老板对生活中这些荒谬的、有趣的情况的观察和刻画，到底算是更"细"还是更"深"？你的分辨率不一样，或者咱用新词，"颗粒度"不一样，是不是因为背后决定你创作的那个观点不一样？

贾 → 从我们观众的感受来说，说"细"和"深"都可以。回到周老板的创作上，是不是一种准确？要是用文体来说，有很多脱口秀的本子抄下来是一篇散文、杂文、议论文，而你的作品是偏故事性的小说，起码是篇速写，是场景化的。这个风格比较适合我们现在的环境，也符合我们传统的欣赏习惯。至于后面的那个"观"，既是对观众尊重，也对自己安全。

在小说或者速写这种叙事里，准确是核心尺度。作者为什么选这个细节？为什么用这样的笔触刻画？因为这样最准、准的基础上求简洁。还说你那个网约车的段子，我认真考虑过自己能不能当网约车司机，觉得不行，起码不能开专车，至于为什么，我一直不能准确地说出来。直到听到这个段子，司机一边犯路怒，不停地喘粗气，压抑自己的暴力人格，一边挤出一丝瘆人的微笑，问后面的乘客"觉得车内温度怎么样"。这太分裂了，人不该被数字管理到这个地步，我们以为干这个是自由，结果是高效率的自我奴役。这个念头说出来就不好笑了，也很难说得准确。这个段子就解决了问题。

是不是在舞台上要把道理说到逗笑，就不能那么客观公允，得说得偏激一点儿，或者邪门一点儿？

周 → 是，相声里叫"理不歪，笑不来"。为了效果，脱口秀演员很难不在舞台上曲解自己最原始的意思。

贾 → 各位看没看一个公号文章，说的是加拿大一个叫麦克·沃德（Mike Ward）的演员在台上很尖刻地拿一个残疾童星抓哏，被对方和家长告上法庭，官司打了很多年，双方都不让步，最近是最高法院五比四裁定沃德胜诉。双方坚持的理由，我都能理解，我觉得判决结果不是最重要的，重要的是这个事儿让大家能充分思考这个问题。

周 → 这确实很难，在舞台上你必须自己选择是不是需要恶毒一些。这也确实很容易造成一些伤害。就像你说的加拿大的这件事，我也看了，我就觉得这个演员太残忍。我自己经历过网上的那些负面评价带来的压力，我作为一个价值观比较成熟的成年人，比较擅长自我开导的喜剧演员，都需要做很大的努力才能消解。一个13岁的残疾孩子该怎么消解，我难以想象。如果他说的是一个群体，我觉得还好，或者是调侃某个对他来说非常强势的人。反正调侃一个孩子，我觉得太残忍了。

枪 → 周老板，你在现实中也是一个温和的人吗？

周 → 别人会这么说我。

枪 → 嗯，看来温和的人也能搞喜剧，也能搞脱口秀。

周 → 对我这种性格来说，脱口秀是更有魅力的东西。因为我不想随时随地都温和，我不想一直温和。可能在现实中，我温和是我的生存需要，是基因带的一些东西，也是由人生经历形成的性格。但是有时候，你还是会想野一点，疯一点，激进一点，冒犯一点，活得洒脱一点。那个舞台对我来说就是这样的一个场。所以我不想那么残忍，也会比较捍卫喜剧舞台的豁免权。我理解一个演员为什么需要在台上讲一些平常不太好接受的话，他的舞台人格跟他的生活形象可能是很不一样的。

贾 → 他也是替大家都关在心里的那个"我"在说话。郝雨老师就这样，在台上、在播客节目里特别放得开，结果一下节目就追着观众和家属挨个去真诚地、谦卑地道歉，说"对不起，对不起，刚才我又错了"，下次还是要犯。台上是他，台下也是他。

枪 → 咱们接着来说这个舞台人格问题。你之前提到你欣赏的几位国内演员，我还挺惊讶的，我觉得他们在台上都属于热情型的，而你在台上却似乎一直冷静。一个这么冷静的人，最欣赏的却是热情的人，那么，这种冷静是你自己选择的吗？还是你也没有选择，是你只能变成一个这样的周奇墨？

周 → 我在舞台上的人格跟我私下的人格挺靠近，呈现出来可能有人觉得特别冷。有的观众会说怎么我观察东西的视角都很冷，而且不说自己的事情，总是以一种观察者的角度去讲别人。这种选择不是刻意的，不是说我决定我要这么干，而是之前发生的一些事、我的生活经历，再加上天生的个性，共同作用的结果。

确实，我最欣赏的表演风格不是自己这种。我佩服能在舞台上撒得开的、能个性非常张扬、能释放自己的演员。这也挺奇怪的，大家互相羡慕，可能有的演员羡慕我的克制，然后我羡慕有的演员的那种张扬、那种极致。

C
被舍在台上的周奇墨
· 被扔在《坦克大战》里的周奇墨
· 自废一半武功的周奇墨

枪 → 你看，大家也观察到了，你在台上不经常说自己是吧？总是在说别人。这是不是"舍不得"自己？不愿意把真实的自己亮在这个舞台上？

周 → 我舍过，已经舍过了。我跟观众形成了一种时间和空间的错位，在我最舍得自己的时候，大多数人没有看见。那时候我在线下演出，没有登上这样的节目舞台。现在我没啥东西可舍了，只能以一个观察者的角度上台。

　　我之前在线下讲段子，讲专场，会讲很多我内心的真实想法和经历，包括我跟我爸的关系，都是很私人的东西，比如说过一个我跟我爸是怎么因为一个塑料袋吵起来的段子。我们两个人其实就是典型的中国传统父子关系，两个人都不知道怎么沟通，尤其像我常年也不跟他在一起生活，导致两个人很陌生，不太了解对方。我那时候是会讲很多这类事的。

　　我的第一个专场里就有70%都是我跟我爸的关系这类很私人的话题。我小时候爸妈离婚以后，一直住在我姑家，我爸一年才去看我一两次，我当时很认生，他一来我就往屋里跑，很害怕他。然后我姑劝我说你出来，这是你爸。我跟我爸只能热乎这么两天，我记得有时候我俩在那儿打游戏，打的《坦克大战》，我爸挺爱打《坦克大战》。玩着玩着，我正沉浸在游戏里，突然发现身边的那个人没了……他就这么走了，去演出去了——他那时候也是个演艺工作者。他在陪着我打游戏，在我最开心也最麻痹的时候，就走了。

贾 → 这个场景很厉害。我们今天看，它是个童年创伤，是个情感黑洞，也是个创作原点，我说不清，反正丹妮老师要是拿到这么一篇小说手稿，会觉得是好作品，对吧？

罗 → 我看周老板的演出，一直觉得文学性极强。你说你只是在描述，但现在的作品中特别缺少这样的"描述"，非虚构、虚构的都包括在内，常常急于告诉你一个观点，或者表达一种情绪，因为这是最容易迅速引起读者共鸣和反馈的。但你的段子是把一个东西讲得非常细，缓慢地去描摹场景，能忍住不说多余的话，这是非常困难的，也是不讨巧的。我听你讲的段子，就在想，很多小说家恐怕写不出这样的东西，他们不会选择写这段，而你选择在这个场景里面停留，写得更细。

　　就像你们说的，这是个选择问题。作家写作，脱口秀演员写段子，就是做出一个个选择。我听你讲这些觉得很惊讶，很多写作者不会这样去观察，他们把这类场景直接忽略掉了，或者一笔带过，认为那对故事推进、人物塑造不重要。当然，也可能是他们没有书写的能力。

大家越来越喜欢脱口秀，可能就是因为这种稀缺性。我挺佩服你的这种选择和洞察，我觉得你肯定能写出好的小说。我也想问问周老板：这种观察或者说洞察，我认为是有方法的，这个方法是怎么形成的？跟你过去的生活经历有关吗？

周 → 我觉得观察是靠个人敏感度的。对段子的加工方式和技巧，脱口秀演员们都懂，但是最早那个观察的切入点，需要比一般人敏感才能找到。后面的事要比找那个点更容易。

罗 → 这跟文学是一样的问题。如果写的、想要表达的是非常个人化的东西，就有可能比较难得到一般读者的关注。但是唯有从个人角度出发的东西才是最真实的东西。这中间存在着矛盾。我自己觉得你在这两季的《脱口秀大会》的表演，视角仍然是非常个人的、具体的，而不是一个概念性的东西。

贾 → 相当多的观察者，不管是写文学作品还是写脱口秀，他是先想好了自己要表达什么，想好了要去找什么素材，怎么用我的情绪和方式去阐释，也就是所谓"主题先行"。可是看周老板的作品，没有那种预设的东西，是纯然地去看，看得很专注。这种专注里已经包含了很强的化解——你的童年经历是不是已经决定了你的观察方式？

周 → 有可能。我也不知道是我基因里带的，还是说跟小时候的经历有关。你要是这么说的话，也能建立一些联系。我姑她全家对我都很好。但是我毕竟不是在父母身边，所以你作为一个小孩，在那种环境下就需要察言观色，观察是你的生存策略，是本能。

贾 → 姑姑姑父对你还要有个"客情"，毕竟不是自己的孩子，不能说打就打，说骂就骂，还要在你面前有遮掩，这等于是锻炼你的观察能力。

周 → 对，我姑对自己的孩子是从小打到大的，对我从来没有动过手。他们照顾我的情绪，我也要照顾他们的情绪，要学着乖，学着懂事。从小时候我就是特别懂事的孩子，会非常克制自己的欲望，包括去别人家吃东西，一般小孩去别人家，人家拿出一个好吃的东西，他很难掩饰自己的喜欢，很难遵守大人给的命令，大人说"咱家不是有吗，回家吃去"，他说"不，就要！"但是我很小的时候，我姑带我去串门，她只需要一个信号就行——她捏一下我的手，如果她捏一下我的手，我就知道这东西是我不能要的了，我就会表现出非常讨厌这东西的样子，别人会觉得我真不想吃，然后就拿走了。如果她不捏我的手，我一看她的脸，就知道这东西是可以吃的，我就要过来。小时候我非常乖，所以导致大了以后，我想通过做脱口秀让自己不那么乖。

现在我回东北去见我姑，到了这个年纪，她还在反思自己，我听了心里挺难受的。她说："我现在回想，当初是不是把你们管得太严了？"她手下的那些孩子，还包括我的两个表姐、一个大哥，我姑有三个孩子。然后我就劝她，说你们当年也是被我爷爷奶奶这么带大的，这个东西就是一代一代传承下来的教育方式，对，包括婚姻模式也一样。这是我挺感慨的事。

贾 → 虽然你觉得自己在舞台上是释放、是突破，但是我仍然能感觉到，你甚至不只在照顾观众的情绪，还在照顾你段子里的人，总是给这些人留机会，"留出路"。大家说你的风格是冷静、是稳，我看也是一种温柔。这种观察和表演风格的背后是个很温柔的人。

罗 → 对，不着急给别人下一个结论，或者给事情定一个性。

贾 → 你讲段子的时候，心里一直在捏着自己的手。

周 → 这是个挺有意思的表达——我在心里左手捏右手。

枪 → 我在想，周老板被称为"脱口秀界的天花板"，是不是也因为这种温柔、这种克制——因为这些，他呈现出来的风格、层次也与别人不一样。我们听到那些犀利的观点、讨巧的金句、夸张的渲染，也会哈哈大笑，但是周老板的这种克制、温柔，大家也同样可以接受，甚至都认为是更值得钦佩的，所以才会有"天花板"这样的说法。你看，选择这么做，显然是更难的，这跟侯宝林所说的"留有余地、恰到好处"非常接近，因为相当于是自废了一半的武功，别人在台上能酣畅淋漓地用的那些招，你不能，别人能洒的狗血，你不愿意洒。是不是这个天花板就是这么炼成的？虽然其他演员选择不这么做，但他们也知道这么做有多难、多厉害，是不是这样？

D

**线上还是线下
· 脱口秀还是单口喜剧
· 上海还是北京**

贾 → 我们今天开始得太仓促，都忘了祝贺周老板获得这一季《脱口秀大会》（2021年）的冠军。

周 → 不用了，不用了。不差你们这两句哈。

枪 → 你在这一季最后总决赛的那段表演，学杨波、学博洋、学建国，我看的时候觉得很震撼，就好像一个八卦掌的传人突然跟你打起咏春来，竟然也打出了一流高手的姿态，这太吓人啦！我把它理解成：你如果真想用那种状态和风格来演出，也并不是一个特别费劲的事，"哥们儿，这有什么难的？"

周 → 其实我做的只不过是模仿，我模仿他们三个人的段子，比如最后那个讲马拉松的，是我的专场里已经有的段子，只不过是把表演调成了博洋、建国他们的状态，给大家造成一种错觉，好像是针对每个演员的风格，不光表演，而且还能专门去写，其实并没有，恰好是现成的段子跟他们的风格有点像。金庸小说里不是也有这么一段吗？有个人用的是其他的内功，好像会少林寺功夫，其实用劲是不对的。节目做到最后就是大家在玩了，为了效果出发，模仿他们的这个点子也是在读稿会上程璐、建国他们提出来的，我觉得挺有意思。

贾 → 从整个节目来说，这也是个挺好的归结性演出，既是高级花絮，也是个完整作品。

周 → 我在脱口秀大会的舞台上，肯定要做一些改变去适应节目，通过去年（2020）录第三季的经历就知道，讲个人的故事或者小时候的事儿，在这个舞台上是不讨好的，观众需要的是一说出来就跟他的现代都市生活建立共鸣的段子。我今年（2021）上台的策略就有些改变了。

枪 → 之前听很多老师聊到线上和线下的区别，比如有的老师根本不演线下或者觉得演线下没有什么意思，当然，也有另一派认为线下演出才是更重要的，才是脱口秀的灵魂。你怎么看？你的认知有过变化吗？

周 → 我去年就想做一个实验，把我线下平时的演出原封不动地搬到这个线上节目的舞台。我就想看一下这个所谓的线上线下区别到底大不大。归根到底，你讲的东西只要好笑就可以。一般来说，线上的东西可能要更符合传播规律，观点要强，话题要新颖，要有共鸣，要比较现代，要更符合线上观众的普遍审美。个人化的东西在线下讲更适合，反正大家也走不了。

线上的观众看一段东西要有很强烈的个人理由。你从最开始就要给观众建立一些审美上的东西，或者是输出一些观点，不能都是他早就知道的，你可能要给他营造一种错觉：我听完以后，我得到了一些东西，我获得了一些见解。诞总在《脱口秀工作手册》里写过：你要当众成长，要给观众制造一种幻觉。你第一句话讲的是你对什么事不理解，你对什么事很困惑，你很沮丧。到了这段表演结束的部分，你要讲你已经跟这个事和解了，你已经认识到了什么。"咔"的一个金句一出，观众真觉得这是个变化。这是在节目上很管用的东西。

但是我感觉现在说的线上和线下有点概念混乱。我们说的线上，更多的只是线上的比赛形式。你看，有的脱口秀演员把自己的线下演出视频放到线上，大家也能看下去。他不是参加比赛，比的不是谁更炸、谁的情绪更顶、现场气氛更嗨，就可以更多元一些，他的情绪可以悲伤，可以沮丧，可以把笑点的密集程度降下来，施展空间也会更多一点。比赛真的挺限制你的选材，包括你的表演风格。

我觉得线上线下会越来越融合，直到有一天跟Netflix一个模式，脱口秀演员的专场在线上放，大家也会爱看。那时候你会发现线上线下没有啥区别了。国外那些演员也是一个专场在一年里到处巡演，最后录成一个专场视频放到线上。

枪 → 会不会有传说中的那种情况——你在线上综艺里出了名，导致你在线下演出的时候，观众看到你就高兴得不行，你说什么大家都笑，那已经不再是正常的现场，试不出段子的好坏来？

周 → 还是能试出段子，我那些不好笑的段子，大家还是不会笑。真正的好处是再也不用自我介绍了。这个自我介绍不是一句话的事，不是说省略了一句"我是谁谁谁"，而是第一次看你表演的人会先审视你，怀疑你。

对我来说，上了节目以后最爽的事情，就是我现在上台，终于不用先用五到十分钟告诉他们我好笑，我能讲出好笑的段子，然后剩下五分钟才是他们接纳我、尽情地被我逗笑的状态了。现在的观众事先了解了我的风格、我平时讲什么类型的段子，包括对我这个人也有了一定的感情，我一上去，知道台下的注意力在我身上，可以施展的空间会变得更多一些。

枪 → 我还想问问上海跟北京的区别，上海叫脱口秀，北京叫单口喜剧，这最后会变成两种艺术吗？

周 → 我也不知道，我发现我在指节目的时候一般都是说脱口秀，但要是聊技巧上的话题，尤其是国外的演员，会说单口喜剧这个词，好像从这个习惯上已经归类了——脱口秀是指线上综艺这种娱乐性场景。

枪 → 要真都这么分就好了，真能变成业界共识，还挺科学的。

周 → 我还是希望能融合在一起。

枪 → 那么上海的氛围、创作方式，跟北京的区别大吗？可能你是最有资格来做这个对比的人吧？

周 → 在气氛上，演员的气质上，包括观众，上海和北京确实都有差别，但是我很难用语言去描述清楚。我感觉上海的观众更追求娱乐性，更开放，更愿意被逗笑，北京的观众相对来说要严格一些。前几年我们一直都说北京的开放麦最残酷，如果你能在北京开放麦活下来，来上海这边炸场就没问题了。

我还感觉上海的演员从气质上非常都市化，他们的话题更新、更时髦。北京的演员讲的东西不是很当下，很多人都在讲一些故事性的，讲小时候的一些经历，很少讲网上有什么东西，有什么新闻，上海这边明显更时尚一些，聊的话题更当下、更娱乐、更互联网。这都是总体上的感觉，一说到具体的演员就没有那么绝对的区别了。

罗 → 还是老问题,那么到底什么是脱口秀?你觉得它现在已经形成了一个行业吗?会一直发展下去吗?

周 → 我觉得脱口秀是可以长期做下去的,因为它是符合人性的事。大家都需要表达,也都需要快乐,脱口秀讲究真诚地、快乐地表达,所以这事应该长久地发展下去。可能要看各方面的因素,不完全取决于演员本身。

脱口秀是什么?在我看来,用一句话表述:脱口秀是某种真相,或者说脱口秀就是真相。这个真相肯定不是客观意义上,是演员表达出自己眼中的真相。

比如,我有的时候在外面上一些节目,做播客、访谈,跟非脱口秀演员在一起时,我会发现这个区别:非脱口秀演员有时候不太承认当下发生的状况,比如现场出了什么意外、观众反应不太好,以及一些尴尬状况,像有的人接不上话,等等。他们的模式是假装什么都没发生,心照不宣地避而不见,不戳破这个泡泡,继续按照流程走下去。但是脱口秀演员一旦发现了问题,他本能地就要去戳破。在现场就要说:我今天说得不好笑,今天的观众太冷了,我们这个场地太低级了,这个话筒音质不好,我们几个嘉宾的交流太尴尬了,气场不合,这就是说出某种真相。这是脱口秀演员在舞台上培养出来的能力。

枪 → 这其中,"自我表达"重要吗?

周 → 挺重要。你想,有好多形式都比脱口秀好笑,甚至好笑很多。我看一些短视频,就觉得比脱口秀更好笑。所以我觉得大家看脱口秀是基于一种更复杂的需求,不是单一的好笑,他要听一些观点,找一些共鸣,既获得一点冒险刺激的体验,同时也听让他开心的东西,观众也不明确知道自己要的到底是啥。脱口秀演员是在把这些东西一起打包送过去。

这就是为什么脱口秀哪怕在好笑的效果上比不上短视频,比不上一些喜剧小品,在思想上比不上讲座,比不上书,但却能一直被大家喜欢的原因——通过更直接的个人表达,给观众带来综合的喜剧体验。

枪 → 你觉得脱口秀真能做到自我表达吗?还是它只是营造了一个表达的幻觉?比如说现在我看一些脱口秀演出,就像大家在分享一个幻觉,是

E
大哥你在说啥啊,你说它有啥用啊

我们好像在坦诚沟通，在犀利表达，在自由而畅快地打破禁忌的幻觉。我有时候觉得，那些买票进场的观众只是享受了一两个小时的幻觉。不知道这么说是不是有点太矫情了。

周 → 不矫情。演员给观众制造的交流感是一种技巧。脱口秀的自我表达水平，得跟中国既有的、这么多年来的喜剧形式相比，相对而言，我感觉它在自我表达上还是最好的，是直接跟你说话，没有包裹一层舞台角色。

你要说能不能做到绝对自我表达，坦白来说，我觉得挺难。你技巧再怎么牛，也要有所选择，心里有些话是没办法变成段子说的。演员不能做到对观众 100% 的坦诚，因为那种坦诚会破坏现场气氛。这就像你不能把跟心理医生说的话原封不动交到观众面前，那也是对观众不负责任，他们不具备心理医生消化别人真实想法的专业素养。

枪 → 刚才谈的是大话题。我想再问小一点的、近一点的，从你最早开始演脱口秀到现在上节目、出名，你的生活状态、你的创作观有变化吗？

周 → 生活上是有变化，就是跟以前比赚钱了。这个变化没有改变我的认知，它只是一种新的体验：你成了一个艺人，能接一些商务了。在创作上，我好像不太有变化，我对在节目上讲什么会有选择，会去寻找跟观众的重合，但不是说就要丢掉自我，只去讲观众喜欢的东西。我自己创作的总体思路没变。

贾 → 为什么现在的品牌这么偏好和脱口秀演员合作，而好多从前的歌星影星接不到单了？

周 → 是不是这些品牌负责宣传的人认为脱口秀这个东西是年轻人的艺术？

枪 → 我作为一个正经做过广告的人，我觉得，第一，周老板所说的年轻这件事没错，有很多品牌，甚至大多数品牌都生怕自己不年轻，或者特别盼着自己年轻起来。而新的东西往往会被认为是年轻的，现在趁着脱口秀很新，品牌愿意把自己跟它绑定在一起。不过脱口秀过几年就不新了。

第二，我觉得是幽默。幽默经常被误认为智慧，很多品牌是愿意跟智慧、聪明这样的感觉联系在一块的。

149

第三，脱口秀在输出观点。你看那些品牌，当他们想传达一个观点的时候，他们会找KOL（意见领袖），脱口秀演员是先天带一些意见领袖气质的，他们的那些观点自带更强的感染力、传播力。

咱们这个时代对从事过广告行业的人来说非常残酷，因为你没地儿躲，你在广告这一行干烦了，你说你改行去干什么？干哪一行，最后还是绕回到做广告这事上来。

周 → 确实挺让人无奈，大家最后挣钱都是通过商业广告，而不是通过作品。

罗 → 现在的图书编辑在一起，几乎不聊书的具体内容，都在讨论怎么才能卖得多。

贾 → 诶，这么看，你们脱口秀行业还不错，你们还是讨论内容的时候多一些。

周 → 是，可能私下偶尔讨论一下赚钱的事儿，主要还是讨论内容创作。也是（因为）有专门的团队操心那些事儿。

贾 → 会谈些什么呢？咱们再把"天花板"的名头稍微延续一下，脱口秀新人往上一抬头，看见你了，那么你这个天花板一抬头，看见的是什么？你下一步要解决的是什么？

周 → 一个是段子形式，我还是想更多地去往观点上发展，应该尝试的是观点和观察结合的方式，让舞台更有个人特色，多输出一些偏见。这个东西只有你这么想，你要敢于这么说，哪怕很多人不认同，你把这个偏见说出来，把它加工成喜剧，才是最终人们喜欢你的根本原因。我看一些演员的表演，就喜欢听他们说平时听不到的观点，哪怕偏激一些，也觉得很有劲。

还有一个是在表演上希望能交流感更强。我喜欢戴夫·查佩尔的交流方式，他的段子我倒没有觉得有多好笑，但他一直给人的感觉是：我每句话都是现想出来的，是在跟你们非常真诚地聊天，我很希望能往那个方向发展。

枪 → 我看了他前一段时间刚出的专场《胜利最终章》，我觉得他确实是找到了那种自我的表演状态、互动姿态。前些天，我们跟阎鹤祥老师聊了聊，他说好的相声演员也是要在舞台上打磨出有智慧的、可爱的自我来，这个说法对我来说也挺震撼。跟他聊之前，我没有想过相声演员有这个使命。像你刚才说的，你所羡慕的或者你所欣赏的演员的表演状态，你觉得那到底是通过"学习"还是"寻找"？是要再寻找出一个舞台上的新的、最理想的周奇墨，还是说要磨炼一个东西出来？你看这个事如果再往大里说，是脱口秀到底怎么精进，作为一个优秀的演员到底怎么成长。这是一步一步学习磨炼的过程，还是一步一步摸索寻找的过程？这俩有区别吗？

周 → 好像挺难分辨和描述的。我感觉最后是对你人格的一种磨炼，或者说人格的精进。就像看心理医生，你看了几次心理医生之后，为人处世可能会发生一些变化，你的性格也有一些变化，但这你就说不清了，这种性格的变化是既有的，还是通过在心理医生那儿学习到的。很难说清楚，但是它最终的归宿是让一个人活得更自我。

比如我在节目上和专场里讲的那些东西，不太敢突破大家的认知，我都是拿出一个事来说：同志们，这个事儿是不是就这样？这些人是不是就是这样？我会把所有人都拉到我这边，我跟观众是一伙的，我们在一起看一个事。但是我所喜欢的那些国外单口喜剧的集大成者，他会直接跟观众说：你们可能不同意，但我觉得这件事就是这样，他非常笃定，那个观点也非常个人，远远超出一部分人的认知，不管是道德上的，还是认知舒适区上的。

我现在会尝试着讲一些这样的段子，讲的不是道理，而是我的个人想法。观众的反应往往是不觉得好笑，有的甚至不敢笑，也可能就是段子本身不好笑。我讲了两三场，观众的反应是一场比一场差。第一次讲的时候，演员们在后台倒是笑得挺开心。下来以后，他们跟我交流，说你这个段子有点猛了，观众听起来太受刺激。

罗 → 我越来越觉得真正欣赏脱口秀的可能还是少数。很多咱们觉得有观点、有意思的段子，有些人听上去有可能就觉得不正确、不好笑，是没法让广大人民群众都喜闻乐见的。

周 → 脱口秀演员的艺术精进，就是要发表一些非常个人化的观点，这个进步方向总是跟社会大环境相违背。

罗 → 最近有没有比较让你触动的经历？

周 → 不太好形容，也不能说触动。最近这两天，微博上一直有人@我，我点开一看，发现是一条新闻，有一位渐冻症患者，身体机能正在一点点丧失，他有两次尝试雇人杀掉自己。这个新闻采访里有个片段，他听的是我的一段脱口秀表演，他跟记者说（应该是通过旁边的人转述），现在已经放弃了自杀，想好好活着。这个事让我非常为难，别人@我，应该是想让我说点啥，发表一些见解、一些鼓励他的话，甚至还有人在新闻下面评论说"这是脱口秀的力量"，我就不明白，脱口秀有啥力量？我有什么资格安慰人家呢？有的时候，我会感受到一种来自脱口秀的无力感。

脱口秀对他来说做不了啥，不能让他的病好起来，我也不知道能不能让他坚强起来。我有时候想，我在做的这些事的意义是什么？人生中的道理要自己悟，困难要自己克服。我出现在别人的生命轨迹当中只能是一个短暂的陪伴。但是这个陪伴会通过一些形式，比如脱口秀，给别人一点生活的温度。好像也就仅此而已了，我做不到更多。我的心情有点复杂，明明知道自己做不了更多，但还是接着做这个事，哪怕只有那一点点作用。

THE SECRET TO 梁海源 COMEDY

脱口秀是探索自我的工具 ◇ 脱口秀是探索自我的工具 ◇ 脱口秀是探索自我的工具

THE SECRET TO COMEDY, STARTING WITH STAND-UP

喜剧的秘密：从脱口秀说起

口述：梁海源　　　整理、撰文：袁袁

A
21 世纪是生物的世纪

我大学读的专业是生物工程。

有时候我就猜想，是不是所有选这个专业的人，都是因为高中上生物课，看到了生物课本里的那句话：21世纪是生物的世纪。

反正我是这样，我信了这句话，这话也没骗我。大学毕业后，我顺利地在一家生物制药公司找到了工作。那份工作谈不上开心，但压力也不大。按时下班，按时上班，是我想象中的工薪阶层生活。

毕业之前我一直在实验室，没什么上班下班的概念，一天到晚都在做研究，就特别渴望工作和生活能有明显的界限。后来上班之后惊喜地发现，只要下班，就能拥有自己的生活。

多出来的这些时间，我是知道怎么解决的。那时候我正在跟自己的性格做些斗争，我的性格很拘谨，不太会上台演讲，就参加了一些演讲组织。这个组织里有一部分人在做脱口秀，我不太知道那是什么，但在豆瓣上看到有

梁海源
/
脱口秀是
探索自我的工具

活动，就去了，去了就认识了程璐。那是2011年。

当时大部分人不知道脱口秀是什么，但很多人知道黄西，黄西在白宫讲脱口秀的视频在网络上流传很广。我也是讲了脱口秀之后才发现，噢，原来那个是脱口秀。之前还以为是幽默演讲。

后来，黄西老师就回国了。有次他办签售会，我和程璐去排队，买了书，签了名，合了影。我俩看着黄西就很羡慕，能把脱口秀变成工作这件事，怎么想都羡慕。

现在想想，我遇见脱口秀的时候，生活得很自由，完全没有负担。"自己是不是厉害""脱口秀有没有前途""能不能赚到钱"这些都不需要考虑，只需要想自己喜不喜欢、开不开心就好。

B

"海源，你要上。"

我第一次上台，还算好笑，自己评的话大概是六七分。当时也不太会写段子，只会加一点点转折，讲一些类似"我上学数学特别好，高中上了三年，大学上了四年，我觉得这六年时间学到了很多"这样的段子。用现在的眼光看，当然很初级了，但那时候在新人里算不错的。

那几年我们还翻译了一本脱口秀相关的书，英文原名叫做 *Step by Step to Stand-up Comedy*，是俱乐部里一位叫Robin的朋友张罗的。刚开始写段子，大家一般都是写了几分钟之后就不知道该怎么写了，后来听说这本书讲创作方法，就觉得如果能掌握，写段子应该就可以信手拈来，那多好。

我们研究了很久，也尝试了用这些方法创作，甚至还做过几次小型培训，于是就想为什么不翻译成中文呢？程璐是学英文的，本来就是专业的翻译，Robin的英文也很好，但他们两个人的工作量有点大，就分了一部分给我。我英文其实很一般，基本上是一边查字典一边翻译。大年三十的晚上还一直在做这项工作。那时候的感觉与其说辛苦，不如说怀着一种很神奇的骄傲。我跟爸妈说，我现在正在翻译一本书，明年就要出版了。就觉得很酷。

其实大多数的交流、沟通、出版的事务性工作都是Robin去完成的。程璐也负责很多把关的事情，我只要负责我那一部分翻译，不出太大的差错就好了。后来翻译完，大家再一起交叉校对。即使这样，第一版依然还是有些这样那样的错误。

我们接触脱口秀在国内算很早的，比《今晚80后脱口秀》还早。讲了一阵子之后，看到东方卫视在播《今晚80后脱口秀》，我们就很激动，觉得这不就是我们正在做的事吗？这给了我们一些潜在的指示，比如，脱口秀可以上节目。还比如，它在国内也可以成为一份工作。

后来在微博上看到节目在招写手，大家就按着邮箱写稿投过去，不仅可以赚一些稿费，还可以看到自己的名字出现在节目上。节目组很尊重版权，会把每一个中稿写手的名字写在节目片尾。我们就特别开心，觉得这个东西是有发展的。

那是2012年，我接触脱口秀一年左右，当时一起的朋友，很多现在还在一起，我、程璐、三弟和小猪。

又这样过了几年，我的人生也发生了变化。最开始我在制药公司工作，虽然工作稳定，照常上下班，但我的精力越来越向脱口秀倾斜，总觉得时间不够自由。后来就换了一份工作，去做了保险业务员。脱口秀在生活中占的比重就更多了。

我第一次上《今晚80后脱口秀》的时候，还没有来上海。这个节目我和程璐都上过，当时有个环节叫"何弃疗"，会找一些觉得自己也能说脱口秀的素人上去试一试，我们当时就作为素人上去。如果讲得不好，就要被两个彪形大汉拖下去。我是获得鲜花的那个。当时讲的那几个段子其实还挺火，有一段时间，全网都在转，不过也只是在转那些段子。人并没有火。

后来也上了很多次，倒也没有自己是明星了的感觉，就觉得很满足，满足了一些虚荣心。一些朋友也会说，在电视上看见你啦。

再后来，笑果就找我们去上海一起做喜剧。就去了。

至于为什么去了，我觉得并不是因为他们说了什么很雄心壮志的话。打动人的反而是他们并没有许诺我们会成功，说些"要把脱口秀做成行业"这样的话。只是说在未来会一起做喜剧，想做一些类似《喜剧中心吐槽大会》（Comedy Central Roast）和《周六夜现场》（Saturday Night Live）这样形式的东西。没有保证我们会有什么前途，这些都没有。

我们当时想的就是，失败的话就回去。那是2015年的年底。

因为工作还没完全辞掉，我晚了一两个月才去。去了之后发现很闲，暂时没什么工作，就觉得公司还挺好，不管有没有工作，都照常发工资。刚开始我们还有点心慌，想着这公司怎么回事，又没有干活还发工资。快过年的时候，还搞了年会，发很多礼品，甚至还有年终奖。我们就觉得，这老板挺实在的。当然，奖品也不是很贵重的东西，就是行李箱、洗脚盆什么的。

来上海之后第一件很有成就感的事，是做《吐槽大会》。第一期之前我们做了个《吐槽大会》的样片，当时的稿子几乎都是我、程璐和Robin写的，工作量很大，两三个人负责整场。后来剪成了几分钟的样片，老板拿着去跟投资人说，我们要做这个。

第一期《吐槽大会》正片播放的时候，我们都很兴奋，觉得肯定会惊到很多人。但是好奇怪，我都忘记自己是在哪里看的了，也完全不记得大家有没有组织在一起看。只记得，整个微博都在讨论这件事，前三天就有三千万的播放量。感觉好像做了一件大事。

观众们也都觉得很新奇，好像场上的人们在互揭伤疤。中国人很少有这样的表达方式。

到了2017年，公司做了《脱口秀大会》第一季，我和程璐都没有上。当时在做编剧，和程璐要负责写嘉宾的稿子，想着万一讲不好怎么办，开始有一些这样那样的顾虑。张绍刚老师一直跟我说："海源，你要上。"但还是没上。

C
**自己开心
比
观众开心更重要**

我是一个非常拘谨的人，也一直尝试着突破。一开始，上台说话会结巴，说不出话，后来过了这一关；然后就想我能不能在台上讲脱口秀逗别人笑，这又是一关；再之后就是《今晚80后脱口秀》这样的节目；现在就是《脱口秀大会》。我太拘谨了，这也是为什么我觉得脱口秀给了我很多东西，也改变了我的原因。它让我去回顾，去思考，去抗争这个拘谨的人格。

我知道，拘谨未必是件坏事，可能在人生很多场合里甚至是个好事。但是对我自己来说，又有一些潜在的表现欲望，就老是存在一些矛盾。

《脱口秀大会》第二季倒是上了，但也没觉得会火，当了爆梗王也只是一期。讲好了的那一次，我觉得我终于放下了，但后面又讲不好了，有一种病情反复的感觉。《脱口秀大会》给我带来了挫败感，我也没有找到最舒服的表演方式。

我就是想成为在舞台上也能很舒适的人。如果说我的理想是成为自由自在的人，那我现在就是一个半自在的人。即兴表演很多课程刚开始都是教如何解放天性，但我还处在一个没被解放的境遇里。

我不太会去看自己在《脱口秀大会》上的合集，不敢看。表现好的那一次，刚播的时候看了一两次，现在也不太敢看了。别人看可能就是看表演，但只有我自己知道，当时我的内心活动是什么样的，在想些什么。我不想再回到那种心理状态，那种状态不舒适。如果有一天我在舞台上放松了，舒适了，我就会看。

这一季《脱口秀大会》第一期录完，我最喜欢鸟鸟的表演，当然别人不一定像我那样感同身受。她在台上说她是如此地内向，如此地在乎别人的感受，我好像看到了一个很内向很拘谨的人，在这个舞台上用她的方式来表现自己。我就有了一些代入感。

我讲脱口秀也并不想影响别人，一个人有没有影响别人，这是一个放在那里就会发生的事情，不是我能主动控制的，我只是想让自己开心。比如我去做一场演出，在"我开心"和"观众开心"之间，我会非常自私地选择自己开心。我不认同有些人说，我为了逗观众笑，付出了多大的代价。这个事情没那么伟大。做这些事情，都是为了自己。想有成就感，想被喜欢，甚至想得到名声，都是为了自己，观众开心只是随之而来的一个结果。

不过，大家的感受是一体的，很少会存在自己开心了，但观众不开心的情况。只要你在台上是舒服的，下面的人可以感受到。我没那么大的牺牲感，也不想去影响别人，把价值观传递给别人我也不太感兴趣。成年人都有自己的价值观嘛。

我在台上真正想说的，其实就是感兴趣，引起我注意的事情。不一定是非常负面的情绪。我会以一个看法或感受为出发点，段子里也会有一点虚构的成分。一些人就会去想，你是不是真的经历过这些事情？其实段子嘛，不一定都是真实的，但情绪要是真的。

当然，我还没到有什么东西想说，就能把它讲成段子的程度。一是虽然想说，但不好笑，这是一个创作上的问题。二是心态上还没到，我不太敢于去说些惊世骇俗、很具颠覆性的段子。路易·C.K.就行，他有次上台说自己决定改变一下，从最不敢说的话题说起。于是就开始讲堕胎。

他是大师，我们肯定能力没办法比。我对自己的能力不太满意，但主要是对自己创作的能力，做编剧给别人写稿好像还不错。很多人有些误解，觉得编剧能给别人写好，也一定能给自己写好。但不是这样的。

我们给别人写，是建立在这个人物、这个人设、这个故事、这些经历之上的，在这些基础上我们只要把幽默加进去就好了。脱口秀是自我表达，光有技巧是没用的，有些嘉宾如果没有想表达的东西，他也是没有根基的，强行把幽默给他也不会有太好的效果。对我们自己也是这样。我的表达是什么，我的经历是什么，我有没有相关的故事，有没有特别想说的观点，在这些基础上，我再把自己的技巧加进去，才能成为很好的个人稿子。

别人的人生就像是食材，我们是厨子。遇见好的、丰富的食材，就能做满汉全席。轮到自己，因为食材并不多，就算空有一身技艺也不行。外界的人看来，就会觉得，明明你们都是人，都是有过去的，为什么就不行了呢？他们会忽略人背后的东西。所以我现在需要的可能就是，如何去寻找好材料。经历的生活就放在那里了，不会再有新的了，就看怎么解读，怎么再挖掘一些或许有用的材料。

我们出去玩，去看展，看电影，所有的摄入都有可能成为材料。但现在对于公司里的演员和编剧来说，大家的生活越来越趋于雷同。所以看到新人就会觉得，噢，这个人讲的事情我没有听过，觉得很特别。甚至交警、医生这样职业的人，他们的人生注定和我们不同，无论如何我们都讲不出来，这就是素材的重要性。

虽然我们在这个世界里，看上去可以接触到任何事情，但实际上有一个看不见摸不着的东西，把你的生活越缩越小。这是产业的问题，在国内大家的经历都差不多,在同一家公司做着差不多的事。但国外很多演员一般都不属于哪个公司,都有着自己的生活,很少看到有人吐槽自己的工作、自己的老板,讲的全是人生真正的进程。

但我也不会为了写段子就去推进自己的人生,比如结个婚什么的。段子的优先级没有那么高,没有到让脱口秀掌控自己人生的程度。还没有疯魔,我觉得生活的顺序是这样,先生活好,再把段子讲好。如果为了把脱口秀说好,去搞乱自己的生活,那就有点太疯了。

我觉得做喜剧就是为了让自己开心,我没有要当艺术家,要当大师,我是小富即安的那种人。现在很多人喜欢看脱口秀,然后我正好在讲,那些喜欢脱口秀的人,看完之后不会太失望,觉得梁海源讲得还不错,就可以了。我们公司有阵子放着一本叫《及格家宣言》的书,就是我现在的心境,达到及格线就行了。也是因为我不敢把目标定得太高,可能我也有一些很远大的理想,但是我实现的意愿没有那么强烈,没实现好像也行。

我最近老是在想,那些喜剧大师到底幸不幸福,像周星驰,他到底幸福吗?如果他不幸福,为什么呢?他拍出了那么多了不起的作品,可还是不幸福。这样的话,那我还是希望自己能幸福。我一直觉得幸福其实是个能力,不是状态。

前几天,我跑去千岛湖待了两天。节目期间,大家天天都在聊脱口秀,每个人都很焦虑,回家之后脑子里想的还是脱口秀,就很容易睡不着觉。我告诉自己,我得离开这个地方休息一下,就去了千岛湖。看水吃鱼,真的很舒服。就想:啊,原来这个世界不讲脱口秀也可以很美好。当然,这是我自己偶尔的状态,和脱口秀没关系。

老有人说做喜剧会让人不快乐,我有时候就想,那是不是本来那个人就不快乐?他想开心才做了喜剧,看能不能用喜剧这个工具治愈自己。

"喜剧的内核是悲剧",这句话我从创作方法上是同意的。我们翻译的那本书里说,每一个笑话里面都有一个受害者,就是所谓的悲剧。不一定是百分之百,但非常大比例的笑话,里面都是有受害者的。每个故事里都有一个倒霉的人,不管是向内自嘲,还是向外去嘲笑,去讽刺。

不过,要是说做喜剧这个事,那就不一定是悲剧了。世界上大部分人都是不开心的,跟他是不是喜剧演员没关系。只不过做喜剧演员和这种不开心反差太大了,给大家造成了强烈的印象。比如周星驰,他可能就是一个普通的不太开心的人。就像很多科学家不开心,并不是研究了科学才让他不开心的。

说了那么多,我突然发现如果用一个词来形容我这些年的话,我可能会用"探索"这两个字。

我前面也说自己是一个很拘谨的人,所以就去探索,看自己能不能走出那种拘谨;接着,我想让喜剧成为真正让自己开心的事,那就要探索,不让脱口秀过多地控制我的人生。

脱口秀是一个引子,它是我和世界交流的工具。比如,我在场上讲脱口秀,冷了、好了,我就会想为什么。我身边的朋友们也越来越红了,我就会思考有名气怎么样,没名气又怎么样。还有,我该如何看待周围的人,他们幽默了怎么样,不幽默了又怎么样呢。有这么多的问题,需要我去慢慢探索。

但说来说去,这些都可以归于一个问题:我想在这个世界好好地活着,我怎么才能在这个世界好好活着呢?

在我的想象里,可能有三个维度。首先,我能通过脱口秀挣钱,这是物质方面。其次,我能用脱口秀表达一些东西,让我被听见,被看见,达到自我实现上的活着。最后,我还能拥有让自己幸福的能力,不让自我陷入虚无之中。也许,我一直在用脱口秀做着这样的探索。

THE SECRET TO

王勉

COMEDY

○ 父与子 ○ 父与子

162

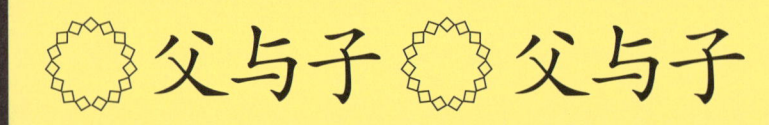

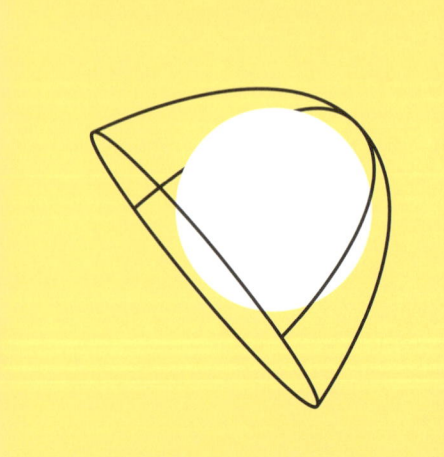

喜剧的秘密： 从脱口秀说起

THE SECRET TO COMEDY, STARTING WITH STAND-UP

撰文：王光瑞

王勉的作品里，很少提及真正的自己。这并非因为他不真诚或者刻意想隐藏什么，他只是真诚地不那么在乎自己。

他讲着大家都在意的话题，说着发生在别人身上的故事，轻轻地将自我抹去。

真正的王勉是什么样的呢？我们请来了王勉的父亲，为我们写了一些关于王勉的故事。这些故事来自记忆，因此未必客观公正，但视角的不同总能提供新角度。

在这个视角里，他叫王勉，也叫铁锤。

一

钱钱钱　　先认识一下。我是王光瑞。

不知道没关系。我还有一个身份。我是李勉先生的亲爸。勉哥，铁锤，是我的公子。 ／太客气了。

我是老师。教作文的。都传说我教得好。我自己也这么认为。这里，只当用了一种修辞手法，叫夸张。

说我要彻底失业了，不是夸张。因为我在课后班任教。

失业，意味着，就要没收入了。／也意味着，这个家轮到我说的算了。

其实，多年以前，我就失业一回。是我主动放手了经营许久的作文学校。那时，铁锤还在上大学。我和铁锤妈决定后，用商议的方式跟铁锤说，你爸就是把腰累折，你也成不了富二代了。如果你想让你的儿子成富二代，你努力吧。／儿，我跟你爷的想法一样。

铁锤，他，居然同意了。／早知道就逼一逼你了。

然后，我和铁锤妈就换了个城市。畅享蓝天白云大海，撞树蹲墙根种菜遛狗的生活。开始挺美。不久，就浑身难受。满身的武艺，岂不浪费了？于是，我唱着最美就是夕阳红，重新走上讲台。一干，又是六年。

如今，即将没有收入。铁锤先生，你皱起眉头思考一秒钟，你没啃老，你爸想啃小，你是同意还是同意啊？／这个喜剧技巧有点老套。

铁锤打小就喜欢钱。→ ？？？

铁锤小的时候，我耳提面命四句话。一、注意安全；二、别占小便宜；三、不能缺德；四、对大方的人不能小气，对小气的人不能大方。估计铁锤都忘了。复习一下，温故，目的是知新。

这四条里，有两条跟钱有关。

铁锤很小的时候，跟他妈妈商量买台电脑。铁锤妈说："我出一半的钱，你出一半的钱。"铁锤心切，同意了。转念一想，买电脑，一家三口都要用，自己出一半，亏了。

于是跟我说："爸，应当每个人出三分之一才公平。"／小孩打小就机灵。

我笑了，说小家雀儿斗不过老家贼，"你觉得你出三分之一就少掏了？你也不想想，就算你一分不出，你妈妈全掏，不也得买吗？"

铁锤一听，高兴了，真的呀，差点上我妈妈的当。／就是没机灵过他妈。

上大二，暑假时，铁锤说："爸，我打算去旅游。"

我说："行万里路，读万卷书，祖国的大好河山，等着你去欣赏哪。走。我全力支持。"

没想到，铁锤竟和同学跑去打工。一个暑假，晒得黑黑的。赚了多少银两不知道。

花了几百，给我买盒铁观音。

铁锤说，赚钱，可真不容易。

我说，见着回头钱了。

铁锤每次与妈妈通电话，没有不涉及金钱这一话题的。先是一通汇报花销去向，数量的超支，后是额外开销的请示。

有一次，我说："你能不能在跟你妈通话一分钟之后再谈钱？"

我又跟铁锤妈说："你儿子现在和你，就是金钱关系了。"铁锤妈笑了。笑得还挺美。是那种发自内心的笑。

君子爱财，取之有道。大三时，铁锤疯狂喜欢某款手机，要6000元。铁锤跟妈妈反复沟通，反复遭拒。门儿都没有。铁锤说："你不给是吧，我有个全省首届大学生演讲比赛，冠军奖金6000，我拿冠军，自己买。"

然后，不找妈了。找爸。

共同找选题，研究方向。暂时忘记了手机的事。经过一轮一轮又一轮，杀进决赛。决赛时，我出了个选题，让铁锤给否了。理由，那不是冠军稿的内容。我说："那你选吧。"

铁锤选择了充满金钱忧患意识的选题，铁锤成功了。

金钱，可以让人保持自尊，活得更有尊严。一个人，穷，不是什么光彩的事。但是，如何在金钱面前不丧失原则，不卑躬屈膝，不做与良心、道德、法律相悖的事，铁锤要好好分辨清楚。

好在，从大三开始，铁锤变了。变得能够正确对待金钱了。这个夏天，面对滔天的洪水，铁锤为郑州伸出了援助之手。虽然微不足道。

对于王铁锤先生，妈妈爸爸从来就没有想过让你发家致富光宗耀祖。

平安就好。

王勉批注

二

王勉挨打

中国人教育孩子，有些传统观念。这些传统观念，都能找到支持的例证。但放在一起，又矛盾着。比如，惯子如杀子。比如，三天不打，上房揭瓦。比如，棍头出孝子，恩养无义儿。

我也打铁锤。铁锤小时候，不常挨打。我的原则，同一个错误，犯到第三次，才打。打几下，打到什么程度，必先告知。我不是因为自己生气了，才打，否则，有失理智。我也许错误地认为，男孩，得有被打的经历。

每次，我打铁锤时，铁锤都会吧唧跪地上，说："爸，我错了，我指定改。我是你亲儿子，你就别打了，可疼了。"这小子，小嘴会说。

直到有一次，铁锤犯了大错之后，我不再打他了。

话，还得从铁锤上幼儿园说起。那时候，铁锤胆子小得厉害。甚至，女孩都可以随意欺负他。我鼓励他，男孩子得学会反抗，心里不能有畏惧。铁锤有了尚方宝剑的结果，是常被幼师及家长告状。

小学毕业那天，班级开联欢会。张灯结彩，泪水涟涟的。这个大日子里，却因铁锤打了一架，把联欢会搅黄了。平时和他要好的小宇，不知何故踢了他一脚。铁锤反身，用装彩条的易拉罐就打了一下子。这一下不要紧，血流如注。瞬间，毛衣都湿了。

等双方家长赶到学校时，两个孩子都在老师办公室。铁锤的脸都白了。对方家长特别激动，好像要吃了我。当务之急，不是理论的时候。迅速到有名的三甲医院，挂专家号。

专家见多识广，很淡定地问了两句话，谁花钱？开啥药？

做CT，缝两针，开一方便袋的口服药。

当天下午，铁锤已经做好了挨揍的准备，主动说："爸，你打我吧。"

我说："我为什么要打你？我不打你。并且，从今天开始，我再也不打你了。我要跟你论论。"铁锤先是不信。但，转念一想，我跟他说话，还是言而有信的，立刻，挺直了腰杆。

凡是需要论论的事，铁锤不怕。打小就小嘴叭叭的。能言善论。有时候比我能论。

铁锤上三年级的春节期间，一家四口旅游。晚上到宾馆，铁锤和妈妈先上楼了。我搀着奶奶走上四楼，找不到房间，有些急。进了房间，不免埋怨铁锤妈几句。

铁锤进来了，说，咱们论论。

我点支烟，说："我不跟你论，快去照顾你奶奶吧。"

铁锤说："论不论你都是赢家。把我论败了，看，我多厉害；我把你论败了，你更高兴，看，我儿子多厉害。"

从上小学开始，学校组织班会、联欢会、运动会，他都是主持人。尚在学前班时，就冒充小学生参加全市七区九县的朗诵、演讲、小主持人大赛，均是第一名。颁奖的顺序是倒着的。优秀奖几十人，铁锤争着往台上爬，拽都拽不住。之后，三等奖，二等奖，人越来越少。等到颁发大奖时，铁锤说什么也不上台了，哭了，说没意思，人太少。把现场所有的人都逗笑了。

扯远了。还说打架的事。

"你先说说，为什么打架？"

铁锤说："我小时候胆小，你鼓励我学会反抗。男子汉心中不能有畏惧。我看某星的电影，就是用拳头打世界的。"

不错。铁锤打小喜欢某星。为此，我还买一套某星的压缩碟。四十二部电影的台词，他全能接出下句。

我认识到，我的指导滞后，没有及时跟进，有责任了。

我说："现在，如果你不打架了，心里边，有没有畏惧感，怕不怕了？"

"不怕！"铁锤回答得干脆。同时又问我，"那，不打，怎么征服别人？"

我说："这么多年，你爸打过架吗？骂过人吗？从今往后，你不需要用拳头打世界了。要换一种方式，用你的知识、你的智慧去征服世界。"

打那次起，铁锤，再不打架。

很绅士。小绅士。

打那次起，我，再没有打过他。而他，想办法让精神更有力量。

我告诉铁锤，如果有人说你没有教养，比问候你祖宗还难听。是最高级的问候了。所以，铁锤一直表现得还算得体。

铁锤打小喜欢动物。现在养着一只猫咪，叫丫头。我认为很丑，铁锤却不这么看。

以丑为美。

铁锤上高中的时候，养过一只小狗，名叫牛牛。也叫妞妞。买的时候，因为取名，有一番争执。

因为铁锤是属狗的，对狗的感情，不可思议。

其实，除了狗，铁锤还养过兔子、小鸡、鸟儿、热带鱼、蜗牛、乌龟……

先说乌龟。

铁锤小学时，三口人到嫩江边玩儿，看见有放生的，是三只乌龟。铁锤迈不动步了。我对放生的说："三只乌龟，才三条命。如果你把龟卖了，能买一盆泥鳅。那，多少条命啊。"放生的一听，有道理，就动心了，说，能卖多少钱？谁买呀？我说："咋也卖三十。我买。"放生的说，五十吧，五十。我拉着铁锤假走，说，算了。放生的，心里惦记着泥鳅，就喊我，说："卖给你了。"都挺高兴。铁锤最高兴。双赢。

再说鸟儿。

单说玄凤。铁锤上大学时，从沈阳取道哈尔滨，辗转带回齐齐哈尔一只玄凤。我和铁锤妈盼了好几天，见到时还是惊掉了下巴。奇丑就不用说了，浑身上下，一根毛都没有。这可怎么能活啊？

铁锤信心满满，用注射器插上气门芯，把鸟用奶粉调成糊状，直接注进嗉囊。不到一周，玄凤不但没死，满身的毛囊都齐刷刷钻出绒毛。也不用注射了，嘴壮得很，把食盆击得当当响。

手养的鸟儿很黏人。专门以肩膀为枝头。还拿肩膀当厕所。

后来，全家集体决定，给鸟儿配个女伴儿，繁殖繁殖。就又买只玄凤。结果，两只玄凤无缘，见面就掐架。铁锤妈很生气。那年秋天，不小心，女玄凤从阳台门飞走了。铁锤妈很高兴。

对了，玄凤的名字叫蛋蛋。

篇幅有限，还说狗。

去卖主家取牛牛时，卖家正在请客，几个人席地板而坐，没菜。饺子就酒。六个月大的牛牛噌一下飞过去，叼起一个饺子，就跑了。身手不凡。

三

王勉与他的朋友们

铁锤妈这个乐，咯咯的。

回到家，铁锤美了。我说，黄狗，叫老黄吧。因为，我有个好朋友，叫老黄。

铁锤说，是牛年买的，就叫牛牛。铁锤妈说，女狗，叫妞妞吧。从那天起，铁锤和妻，喊她妞妞，而我，一直喊她牛牛。

晚上，儿子的被窝里，经常藏着牛牛。说也不听。说不听。

四岁时的牛牛，已经当了两回妈妈。每次生产，都很遭罪。全家人决定，不让她再生了。可是，全家人，都突然改变了决定，因为，我们要送刘兄一只小狗崽。

牛牛第一胎产崽时，人狗都折腾一夜。牛牛一直在叫，站着打瞌睡。铁锤妈抱着牛牛，鼓励她，叫牛牛英雄母亲。产后，我连续七十二天，骨头汤、鲫鱼汤，一顿补。把大狗小狗，补溜圆。可是，小狗崽们，二十一天，不会走路。只会滚。滚来滚去的。

铁锤妈很愁，说，瘫痪了吧？我说，可能是太胖了。结果，突然间，会走了。

头胎三崽里，夭折一只。早上，我从早市回来，铁锤妈眼泪汪汪的。牛牛两爪，搭在铁锤妈的膝盖上。铁锤妈说，你看地板上。地板上，有三点水痕。铁锤妈说："我问妞妞，你孩儿呢？"妞妞就哭了。一转头，三滴眼泪，甩在地板上。我不相信，就问牛牛："你孩儿呢？"牛牛的大眼睛，立刻盈满了泪水。铁锤妈又哭了。哽噎着说不出话来。

虽说，我负责喂食、洗澡、擦屎、擦尿、遛狗的全部工作，她却只认铁锤是主人。

铁锤说："牛牛要是人，我就娶她。"

决定让牛牛再过一回鬼门关，只为刘兄。刘兄的狗，叫黑虎。养了十五年，睡过去了。刘兄和嫂子，把黑虎埋在铁道边，哭了半天。不幸的是，十年前，刘兄得了肾癌，摘去了一个肾。更不幸的是，又查出了结肠癌和直肠癌。一个人，一辈子，得一次癌，就要了命了。何况，三次。

庆幸的是，摘除十一个瘤子，截去了一米多肠子的刘兄，活过来了。春节前，我去看他。刘兄高兴得跟孩子似的，却有些打不起精神。刘兄说：

"光瑞，我得谢谢你。昨天晚上，我想了结了。你打电话来，我才没寻死。"

我一惊。人，总有软弱的一面。

刘兄想黑虎，准备再养一只小狗。恰巧，牛牛发情了。

六月十八号。牛牛成功受孕。

家里多个孕妇，日子格外充实。及时把好消息告诉了刘兄，一起盼着。

八月十七号，我和铁锤妈到外地参加学子宴。当晚，铁锤的电话追来。铁锤妈不告而别。我赶回家时，已经有了两只小狗宝宝。牛牛的毛都翻了。一边喂奶，一边还在使劲儿。我和铁锤妈抱上牛牛，去了医院。医生够狠，硬是把一只黑白花的母狗崽，夹碎了。

半个多小时，牛牛一直在抖。铁锤妈的手，也一直在抖。

两只小狗崽，一白一黄。吃了睡，睡了吃，胖成肉碌。每天，铁锤和铁锤妈都把小狗崽捧在掌心，照相，前后对比着，翻看。一惊一乍的。

三针过后，喂完驱虫药，我说，给刘哥送去吧。铁锤妈和铁锤，就是舍不得。看二姐妹摔跤，在拖鞋上撒尿，真开心。一直到小狗崽一百天，才勉强同意。

那天，大雪后，贼冷。我怀揣着点点，去了刘兄家。刘兄见到点点，基本不理我了。之后，我和刘兄，开喝。啤酒倒上了，一直赖在刘兄怀里的点点，把舌头伸进杯子，吧嗒吧嗒，舔了两口。刘兄笑了，毫不在意，端起杯子，和我撞了一下，一口，干了。

四

王勉与鱼

总有许多重要的日子，值得刻骨铭心。当时，甚至咬破嘴唇。却随着时间的流逝，被貌似更重要的日子覆盖。而更重要的，往往需要日后咬破嘴唇，想得脑瓜仁儿疼，无法还原。

只有那些不用想，不能忘的，才是真正的刻骨铭心。比如，有关孩子的碎片记忆。

有关铁锤不用想、不能忘的，他爹我完全可以写本书。再分享两个。

铁锤喜欢养鱼和钓鱼，缘起于小学时我陪他捞鱼。

暑假。夕阳西下。嫩江铁路大桥边，出现一大一小两个身影。是我和铁锤。之前，我们骑自行车，拿着自制的搬网，铁锤头上扣着大号洗衣盆。兴冲冲的。

先把网浸入水底。隔几分钟迅速搬起。就有鱼。网网有。

我和铁锤，抢着搬。上瘾。直到累得谁也搬不动了，天也配合着暗下来，才收工。我推车，铁锤扶着后架上的半盆渔获。步行半个多小时，回家。裤子湿半截。

铁锤妈，不知道趴阳台上看多少回了。摸着黑。担心。担心不说担心，一旦我和铁锤推开家门，铁锤妈就用发火的方式表达。

我和铁锤，都怕铁锤妈。怕得厉害。就指天发誓，再也不去了。

铁锤妈看见半盆鱼，把生气的事给忘了。全家人开始数。总计500多条。好家伙。

装了满满一饭碗。好家伙。

隔天，夕阳西下，再次出发。大不了，再指天发誓呗。

铁锤不跟我抢着搬了。说："爸，我先玩儿一会儿，你过过瘾吧。"突然懂事了？我的窃喜还没有完成，就反应过来了：前一天，嫩江，又领走了一个孩子。

铁锤，天生胆小。

提起胆小，另一件事可以证明。铁锤上大三时，约同寝的兄弟到大连玩。"欢迎欢迎热烈欢迎。"我说。反复敲定菜单，发过去，馋他们。光水饺，我就包了千余只。每只，都有野生海蛎子。

子时接站。宁哥、威哥、泽哥。个个比铁锤高，且帅。到家后，入座，准备开喝。都拘着。客气着。

这怎么行。喝到中途，我想个打开局面的招儿，提议喝白的。宁哥率先赞同。于是，喝到天色微明时，我成了他们的王哥。

某哥开始抢话。为酣畅表达，夹杂粗话。另某哥则搂着我淌眼泪，说真羡慕铁锤，他已经若干年没和爸爸说过话了。

第二天，依旧丰盛。菜满桌，铁锤却不让上筷子。怕没等开餐就搂光了。威哥控制不住，捏块红烧肉，说尝尝咸淡。结果，一哄而上，瞬间，光盘。都把指头插进嘴里，嘬。

我边煮饺子边大声吆喝，都慢点，都慢点，这火不旺，供不上。边等边吃。眼巴巴的。

煮了五锅。饭毕。向地质公园进发。

天气很给力。宁、威、泽哥跳到悬崖边与大海合照。铁锤说爸，快让他们上来，危险。我还没来得及开口，威哥就喊，勉哥，下来啊。铁锤说："我可不敢。万一我牺牲了，中国脱口秀一大损失。"

天生胆小，却口出狂言。

还说鱼。

长大后的铁锤，迷上钓鱼了。高考过后，等通知。心焦。早上，三点不到，天还黑着。心焦的铁锤就打车去劳动湖钓鱼。铁锤坚持野钓。直到天黑日落，铁锤才回家。"鱼呢？"我问。铁锤说："钓到一条，放生了。"

心焦的铁锤，约好友一起野钓。到了嫩江东岸，钓鱼老手王铁锤先生，开始有条不紊准备。而第一次钓鱼的小包，已经急不可耐地把钩甩进了大江中。

漂，还没有立稳，就直接扎进浪里。慌乱的小包猛提，结果，一条不盈尺的鲇鱼，就在荒草里跳跃。

小包掩饰不住兴奋，握紧鱼头在岸上奔走。奔走相告的意思。可是，整个江东，只有我们三个人。

接下来的几个小时，均无斩获。倒是便宜了黑蚊子。

晚上，我买了七条茄子，炖鲇鱼。俗话说，鲇鱼炖茄子，撑死老爷子。炖满满一锅。

昨天，在海边，我和铁锤妈回忆这件事。铁锤妈说："你净瞎白话，哪有那么多条茄子，我记得好像是六条。"

现在，铁锤已经没有钓鱼的时间了。脱口秀把铁锤们折磨够呛。从小，我就让铁锤误以为自己很优秀。人，有的时候，盲目自信也会导致成功。

我以为，家长想让孩子成为什么样的人，就整天说他是什么样的人就好了。比如，想让孩子勤快，整天说你咋这么懒哪，最终，孩子定会变成懒汉。虽说，原生家庭都会有各种各样的问题，水的形状，还是由杯子决定的。这个社会，多好，不埋没人才。除非你不是。

铁锤先生曾说，没有作品，心会慌。而艺术的最终表达，是三观，是哲学。以审美为前提。

铁锤先生长大了。我就是在铁锤这个年龄，让我的爸爸抱上了孙子。好在，铁锤不忙的时候，每周都会跟我视频。两个小时左右。无话不谈。一般在午夜，或之后。我正打着小呼噜。铁锤问，老头，睡了吗？我说，还没呢，正等你电话呢。

贪睡的铁锤妈，立刻披衣坐起，大声说："儿子，妈都想你了。"

罗丹妮 ✕ 枪枪 ✕ 贾行家 ✕ 东东 ✕ 阎鹤祥

整理
→ 贾行家

A
平行宇宙，前世今生

罗 → 我们想请一些不是做(脱口秀)这一行，又对他们有了解、有观察的喜剧人来谈谈脱口秀。

阎 → 实话实说，我看得也不是很多。干了喜剧以后有一个最大的悲哀，就是抵触任何喜剧类的东西，我现在看搞笑的东西会心很累。

枪 → 为什么？

阎 → 演得不好的你着急，演得好的你也着急。你懂我意思吧？演得好是行业技巧上人家都比我牛，跟着着急；演得不好是怎么演成这样啦？就

喜剧的秘密： 从脱口秀说起

THE SECRET TO COMEDY, STARTING WITH STAND-UP

相声的罪，脱口秀可以少遭

会看得很累，别人看喜剧都是为了放松。

枪 → 那你看他们演脱口秀，是前一种感觉多，还是后一种感觉多？

阎 → 每个人演的还不一样，我能感受到的是差异化，他们跟我们的相声不同，这已然让我们很有危机感了。你能看到脱口秀对于社会的感知度，以及人文素养、科学精神这方面的东西。这是能让演员有延续性地再往下走的东西，包括这个行业能继续再做大、做高的东西。所以我在一次录播客节目的时候，想要严肃地跟庞博探讨一下。

枪 → 你们那次对谈我听了，作为听众，我有点儿失望。听起来庞博一直在用脱口秀演员那种本能的幽默感翻出包袱，确实话没落地，现场观众也哈哈大笑，但是抛出的很多问题其实被顺便消解了，没有真谈起来。

阎 → 我是觉得这是个很严肃的事儿。今天也是，既然聊，咱们聊点真章儿的，要不然干吗浪费这个时间？庞博是我第一个真正私下接触的脱口秀演员，我问庞博的第一个问题就是："你是否认为你们是一个行业？"我记得庞博当时跟我说："其实我们也并不清楚我们究竟是不是一个行业。"包括我们参加他们的《吐槽大会》，我跟笑果打交道，我也在观察他们是否认为自己是一个行业。从他们给我的一些反馈，包括我自个儿的一些观察，我觉得可能他们更想定义自己是电视人和综艺人。

枪 → 庞博说过类似的困惑——"我不是干喜剧的吗？怎么好像进了电视行业？"可能他不是有底气说这个话的人，我会好奇如果这个问题问李诞，李诞会怎么说。

阎 → 对，我特想看到他们一拍胸脯，正义凛然地跟我说"我们是一个行业"。

贾 → 这也许是身在其中的人都有点儿困惑的，真正以行业的视角和担当去做事情的人不是特别多，可能程璐会这么认为？

枪 → 有可能。我会觉得他们现在已经是一个行业了，但是我不确定他们这个行业是不是跟相声、开心麻花这些喜剧算一个行业，还是说是两个行业？

阎 → 我是带着他们认为自己是一个行业的预期来聊这件事的，但我发现大家没有聊这个。当他们问我说，你们每个人如果给这次相声和脱口秀的对谈起一个名字，你们会用什么词？我说的是"平行宇宙"，庞博说的也是"平行宇宙"，然后我说"平行宇宙"和"前世今生"都可以，我特别想跟他们聊的就是这个"前世今生"。

枪 → "前世今生"跟"平行宇宙"的区别是什么？

阎 → "前世今生"，你可以说是一个轮回；而"平行宇宙"是有一个点，我们在这个点并发出两条线，然后不同地并发出多条线，一直呈发散性。你单看每一条线，它可能都是一个时空，都是一条线，都是一个人，但是我更想抱着一个"前世今生"的感觉跟他们去探讨这件事。一上来我还在说一个"双城记"的关键词，在中国的文艺领域的各个方面，都是北京、上海这两个地方的风格在互相引导、互相影响、竞争和博弈，所以我说笑果的脱口秀出现在上海，这是很有意思的事。

你看上海有了一个异军突起的喜剧行业，然后京津两地又是以相声为主的，这又对两个城市的性格、调性，包括喜剧风格形成了冲击，是一个特别有意思的事儿。我并不是完全那么想，我有意把话说得"过"一点，我希望把话说得"过"一点，这样能吸引大家的探讨和争论。包括我说这俩艺术其实本质上没有什么区别，也许当年清末或者民初的时候，有这么一帮人在天桥，其实干的就是脱口秀，他讲什么呢？他可能没有固定的本子，就是说当时的事儿。

枪 → 按照当年的记载，天桥艺人里最接近脱口秀的是那个叫"大兵黄"的人。

阎 → 我小时候还见过那种打把式卖艺的，他们的那套生意口，全是脱口秀，跟我们说相声前面的垫话也一样，你必须从身边的东西往上勾，而且好多都是说自己——地上这套东西得说自己，尤其是吃开口饭的。小时候我爸推一个二八车带我上荷花市场玩，就在现在的荷花市场，什刹海小门口那儿有个老头，特别瘦，排骨我都看出来了，围着一帮人，为什么我有印象？无轨电车都堵了，车都过不去了，这老头就说：我是山东人，我儿媳妇虐待我。那时候有部电影《喜盈门》特别火，就是讲儿媳妇虐待老公公的戏。

枪 → 《喜盈门》，暴露年龄了。

阎 → 这老头就讲儿媳妇怎么虐待我，儿子多窝囊，不管我，不给我肉吃，把我轰到他们的猪圈、牛圈，怎么着，然后这套说得声泪俱下，就把大家全给绊住了。说完这一套以后，开始说了，我五岁少林寺学艺，我是俗家弟子，我师傅是谁，我有一个绝活，拿出一尺来长的一铁钉子，说我这铁钉子从右鼻子眼塞进去，在脑子里转一圈，从左鼻子眼出来，就是它得在脑子里面转一圈，从这边再出来。那年代的人还信气功，大家都说这肯定是气功。我记得是夏天，打下午五六点一直说到天黑看不见人了，这根钉子也没塞。

枪 → 一直在手里捏着。

罗 → 还是很牛的，真得让大家站在那儿等。

阎 → 那真是本事，真是生意口，比今天哪个演戏的都好，带入感极强。那个时候我就感觉这些东西都一样，就说自己这点事，然后让大伙花钱，在技巧上有共通的地方。像我们现在学艺，其实垫话最重要，入活能不能入进来，头里这一句最重要，为什么我们老说一张嘴就听会不会，就听前面这一句，听他前面说的这五句，基本上会不会就知道了。

阎 → 回到庞博这儿，我特别想认真地聊一聊，我想问他们："你们是否知道未来100年，时代会对脱口秀做些什么？"我是在想这个问题的。因为过去的100年里，相声经过了几次时代变革，影响至今。你们看到的今天的相声只是它今天的表象，它是被各种东西影响、蹂躏成这样的。

当脱口秀在这些问题当中时，你们大部分从业人员会如何应对？你们如何应对生存下去这件事？现在他们可能还没有面临生存的压力。相声面临多少次了，起根上就是"饿"，饥饿，之后又遇到很多时局、社会下的生存压力，每一次改变都是为了活下去，不是为了别的，没有什么艺术家，就是为了活着。当一个东西或者一个行业是为了活着而几次传下去之后，那它的改变一定是巨大的。当他们经历了这几次变革以后，我想在我的有生之年看到脱口秀会变成什么样。

今天人们对相声有各种不同的解读，其实都是结果论，大家都在看一个结果。当下我们看到了什么，就以这个结果来定义相声，它是好的是坏的，是奸是忠，是美是丑，但是大家永远不会去看之前发生的那些过程，大家更不会想受到每一个过程影响之后，它经历下一个过程、再之后所受到的影响。很难有人站在整个历史的视角上，把一步一步的影响都理清楚。在一个同是语言类喜剧的行业里，我想问他们的是"你们有没有做好面对困境的准备？"我想静观你们所迎接的东西。

只是我觉得可能这个问题现在聊还有点早。

枪 → 为什么？他们自己的传统还没有建立起来？

阎 → 对，他们还没有被蹂躏过，他们要被一些东西"激"过以后，才会愿

B
你们有没有做好面对困境的准备？

意去想这件事，迷茫的时候才会想这件事，现在他们觉得前途一片大好，市场非常好，然后不得不承认大家也可以因为这个赚到很多比当年更容易赚到的钱，这对于这个行业是一个非常重要的事，他们赚钱开始变得容易了。

C
成功难以复制，错误可以避免

阎 → 我那天还想问庞博："你是否认为脱口秀这个东西将来会有师承、有门派？"因为我觉得脱口秀这门语言艺术在我们这块土地上发展起来，一定要受我们的文化浸润。它早晚有一天要从内容的层面过渡到人的层面，要过渡到人，一定要有。所以后来有关杨笠的争议起来以后，我说我很挺杨笠，这个事一点都不奇怪，这是必然的，脱口秀一定会过渡到人的方面，然后会有角儿的概念。

枪 → 现在已经有了是吧？

阎 → 对。脱口秀演员还不一定都能经得住时代和传媒文化给他的地位和标签，在这个冲击下能不能保持冷静？能不能继续产出正确价值观并且有意思的内容？那就是另外一个问题了。因为这些事在相声历史上都有过，相声从有到今天，行业和演员都承载着可能本不该这个行业承载的东西，从业人员的文化素养、经历阅历都难以承担时代赋予它的如此沉重的担子，每个时代都是如此，今天也是如是。

罗 → 你怎么看价值观的问题？什么样的喜剧表演才算有价值观？

阎 → 这是演员的修养问题。演员在台上，你的目的是干吗？我问过我们同行演员很多这类问题："你知道你今天上台是干吗去了吗？"不是所有人都能回答，可能每个演员上台的目的都不一样。

枪 → 但是脱口秀演员似乎对这事有个共识，就是"自我表达"。他们认为他们跟其他的包括相声在内的喜剧的区别就在于他们要表达自己的价值观。

阎 → 如果他们能一直坚持，那就会非常牛，难就难在一段时间以后，也许大家就很难再坚持这件事了。比如说环境的因素，大家已经通过这个事很容易地赚到了很多钱，这时候，可能有人就觉得价值观这个事是扯淡了。我这只代表我个人观点。

贾 → 您看他们目前的现场表现还有价值观吗？

阎 → 我觉得有，非常好。脱口秀最大的好处是给很多人机会进入喜剧这个行业，大家都可以来。相声在发展过程中设置了很多壁垒，包括门派、师承、院团，我觉得德云社能有今天的成功，也是因为2005年、2006年我们先生做了个打破行业机制的事儿，相当于筛查中国14亿人口当中适合做这个工作的人，这很重要。脱口秀先天没有设定一些东西，谁都可以做。

同时，如果脱口秀是个行业的话，就该有个正确的教育机制，然后给一个门槛，把人群当中适合做这个的人甄别出来，这样它就能真正地往上一步一步地走。有好多人说"我们不招女相声演员，相声不适合女人说"，其实不是不适合女演员说，是这个行业没有建立女演员的教材和培养机制，没有教育，才没有产出。

枪 → 我觉得连个好的范本也没有。

阎 → 没有。女相声演员都在模仿她师父，模仿男演员，那么她先天的幽默视角就都带上了男性视角，所以我说我喜欢杨笠的表演，我贼喜欢她那些包袱，像"当一个女的站在一个她配不上的男人旁边，大家只会认为这个女的有点东西"，她说的是当下的问题，她调侃这件事并没有让任何人感到不适。这就是我们该追求的东西，我们追求的幽默是什么？就是在这个时代里能撞击人的心灵，又让大家反思，又没有让任何人感到不舒服。

罗 → 没有让任何人感到不舒服的同时还好笑很不容易。

贾 → 你关注这些问题的时候，会不会觉得在同行里缺少共同语言？

阎 → 我前段时间去抖音直播，有一次聊这个，被封号了。

枪 → 为什么？

阎 → 极其有意思，我在直播里招生，来了个女学员背了一段《报菜名》，我说女性干这个会很艰辛，将来应该能有女性视角的作品和创作，我们目前无法进行女性视角观察，表演更无从谈起。接着我就跟我的两个师兄弟在直播间聊，我说相声里的很多东西，是我们很多年里把中国人的幽默视角彻底带成了男性视角。比如郭老师逗哏说跟于大娘捧哏如何如之何，男人女人都乐，为什么呢？我们先天认为一个男的占了他哥们媳妇的便宜的事可乐，从优越感上是这个男性吃亏了，这是纯男性视角。如果换两个女孩在这儿，我跟她男朋友如之何，大家一定不乐。为什么？

枪 → 不光不乐，还能把你送上热搜。

阎 → 对，然后我就说我们今天的相声演员能做的是什么呢？我们可以在大量男性视角的作品里加入一些我们对两性关系的多元化思考。我也想尝试，比如《托妻献子》，逗哏背了一个给"嫂子"送卫生巾的贯口，"我"作为剧中人，表演很羞愧很愤怒。为什么要加这个？我们也想聊一个"大姨妈羞耻"的话题，《托妻献子》是完全男性化视角，丈夫会有自己太太的"大姨妈羞耻"。所以段子里的"我"表现得很羞愧、很无助、很慌乱，我通过表演一个男性的状态来表现这个"大姨妈羞耻"的公共话题，不冒犯谁，观众能get到，尤其女性观众会觉得这个东西有意思。我聊到这里，直播间里的人全傻了，很多人可能从来没听过"大姨妈羞耻"这个词儿，大家都说这是在聊什么？怎么在一个公共平台说这个，什么乱七八糟的？紧跟着我的直播间就被封号，说是"涉及低俗话题"。

罗 → 这也太可笑了。

阎 → 对，很讽刺，聊"大姨妈羞耻"问题被"大姨妈羞耻"给封号了。我从脱口秀中获得的最多的就是女性视角、女性话题，包括他们所谓的冒犯。

枪 → 我一直不认可他们说的"冒犯"，我认为他们那冒犯根本不是冒犯。那是披着冒犯外衣的迎合。

阎 → 是。我们是卖票，我们要养活自己的，我们主观意识上的第一课就是不能得罪观众，怎么可能（得罪观众）？而且在我们的技术领域来讲，你跟观众互动找包袱，在当年来讲是一个低技术行为，今天不是了，但是当年我们受相声教育的时候它是低技术行为，那只能证明你还不会。我们知道高技术的东西是什么：到最后包袱都找到自个身上，我说我自己，然后这个事也并不low，也并不龌龊，并不恶心，大家还都哈哈一乐，这是很高级的。

再有一个就是一定要出人，每个行业要在一个时代引领，要有一个所谓的，说骂人的话是要有"大师"，其实就是有个领军人物，或者有个有思想去变革的人，他一定跟所有人想的都不一样，并且他愿意为了这个行业站在那个位置上，带着它往前走。我也想看看这个行业会不会出现这么一个人？如果出现，会是谁？

枪 → 你觉得脱口秀会相声化吗？不管是具体的表演形式上，还是这个行业未来的路径上？

阎 → 这就说一个大胆的假设跟分析。首先来说，我们今天如何定义相声？我这一两年在跟一些朋友和观众聊天的时候，发现他们认为相声必须有大褂，觉得这是一个标志性的东西。我很惊讶，我说为什么？我小时候没人会把相声定义成大褂、话筒跟桌子，但今天居然就把相声定义成了大褂、话筒和桌子。当我知道他们是这么定义以后，我理解了之前的一些别的定义，比如关于相声时长的理论，关于传统经典的概念，都来源于这么一套规则体系。我们所回归、所崇拜的这套规则体系可能跟内容本身没有那么大的关系。所以今天谁也不爱聊相声的内容了，你打开抖音、微博，你看大家聊相声、聊作品吗？聊包袱吗？都在聊谁恨谁，没有别的事了。今天大家聊脱口秀还在聊段子、聊包袱，什么时候大家聊脱口秀也开始聊谁恨谁了，那它就进入另外一个状态了。

枪 → 那可能是他们真正变成一个行业的时候。

阎 → 是。很难预计它会以一个什么样的方式和速度发展。我想的会比较多。我会去想真正制衡我们发展的东西是什么？将来改变这个东西的又会是什么？我也不知道现在是不是已经可以谈论脱口秀的未来了。我们相声想和脱口秀交流的目的是我们想尽可能地把我们这个行业的一些类似经验分享给脱口秀行业：胜利不能复制，但错误是可以避免的。

比如说，我认为脱口秀面临一个门槛过低的情况，线下小剧场，我不用想一定会有很多，我现在打开大麦，上海、北京一晚上有二三十场脱口秀，难以置信。其实当年的相声是一样的，火了以后大家都来干，就面临一个从业门槛过低的情况。当整体水平向下拉的时候，一定是拉动最高那个东西往下走，大家一定会趋中，因为你天天就看着这些东西，你没见过好东西，是不会有好东西的。如果脱口秀真是个行业的话，如果你希望这个行业好的话，当演员市场庞大以后，就先立教育体系，我们要有一个标杆式的培养机制，我们在这个机制里做什么？我们想筛选的是什么？比如学历。

贾 → 现在观察，笑果的训练营更像是选拔营，发给你一把枪，上吧，活着回来的再说后面的事。谁能写出好本子，谁有台缘，表达天赋强，谁就出来了。结果是总有人想走捷径。我有位朋友去上海看开放麦，说上海真洋气，每个演员虽然说的大体上还是中国话，但是能清晰地看到身后各自站着一个美国脱口秀明星的影子，同时段子里的情节又都是发生在中国的⋯⋯因为他形容得太生动，我好像也看到了那个场面。如果真亦步亦趋地去翻美国模板，这个表演恐怕不会好笑，起码演员是一定不会去想阎老师说的这些问题的。想到这些问题的得是过来人，得知道这个问题是问题。

D
**我们语言类行业
应该比别人更感到幸运**

罗 → 不止脱口秀，我也好奇这个问题。比如我所在的行业，这么窄的一个原创文学出版，大家也没坐下来共同好好想想：怎么建设行业的前景、健康的机制？

阎 → 我觉得应该有一些共识，比如说任何东西的好都来源于包容，每个时代、每个行业，受过点基础教育的人都应该知道繁荣来源于包容和兼容并收。每个人都明白，为什么在做的时候都做不到？可能是因为我们都需要即时的享受，都想太快得到结果，我们就要一小时、一个月、一年就见着钱。这和今天的消费主义也有很大的关系，尤其演员这个行业，他不是做学问的，他是为了生存，他为了活得更体面。我从有自己的工作到毅然决然进入这个行业，这种感觉更深，我太知道大家是怎么看相声了，我也知道我当年是怎么看相声的。然后我就很理解想为相声做事的人，包括侯宝林、马季、我师父。

相声是可以好的，这个东西很讨巧。我老觉得语言类的（包括脱口秀），我现在不想做一些界定，只要是站在台上通过跟台下人说话的方式就挣钱的艺术形式，都应该感觉非常幸运，因为你先天占据了人类的一种表演优势。

罗 → 为什么？

阎 → 就是说这个事情不公平。说相声的参加《欢乐喜剧人》这类节目，说相声的天然赢，在那个平台上相声是降维打击。他们大幕一开，演戏是有一堵墙的，而相声演员上来就跟观众聊，他不可能比我好，他再好也没我强，我的形式决定我可以跟人交流，所以不公平。

罗 → 这个角度很新。

阎 → 你别让我见着观众。你只要让我跟观众有交流，别的喜剧形式就全干死了。这是上帝赋予人的先天优势，我们在拿这种优势生存，所以说我们这个行业的老人家厉害，我们占领了这种人类的先天表演优势以后，又把它定位成一个行业，就箍得更死了。我跟笑果的演员和编剧们聊天，我有个问题留到最后才跟他们说，我说："敢不敢你们第二天早上一睁眼就跟全国人民说'我们也是说相声的？'"恐怕没人敢，但如果真说了又会怎么样？

枪 → 我想到有几位相声演员一定会跳出来反对。

阎 → 跳出来就有意思了，这件事本身并不重要，但是这件事带来的效果会对双方都有好处，我们先把墙拆掉，我们只谈说话能不能卖钱这件事。我们不提什么相声、脱口秀的差异，把那些都扔出去，那些都是技术层面的，并不重要。把这些东西都抛出去的时候，你会发现人更重要，你是一个什么样的人？当这个东西立住以后，那些东西都无所谓。

我一进笑果就问："你们为什么要在台上放一个话筒？"他们说这个很

重要，这是脱口秀的标志，这代表话语权，我说不重要，我说话语权并不在话筒。他们的一些书上居然规定一分钟要笑几次，这个就雷到我了，这个东西哪能量化？这东西量化了一分钱不值。

贾 → 也是一种刻板和教条。

阎 → 所以就是说他们需要自我迭代。

枪 → 我以前有个想法，现在不敢这么说了——我早些年给某刊物写过一组稿子，把中国，反正我自己看到过的这些用说话逗大家笑来赚钱的艺术，做了个非常粗略的盘点，把李伯清，甚至连当时的魏三、孙小宝那些都算上了，那时候还没有人说现场的脱口秀——在我眼里，这都是同一行，只是不同的流派，这就跟写楷书、写行书一样，都是书法，都在同一个领域。但现在显然脱口秀演员不这么认为了，他们不会愿意接受这样的说法。

贾 → 这可能得请一位社会学者、人类学者或者传播学者来判断，他们可能会得出和你一样的结论，这就是一类。就像阎老师说的，是人类艺术里最早发源的、效果最直接的门类。

阎 → 如果把这些人凑在一块开个会，真正的技术内核绝对是一样的，到会的每个开窍的人都明白这个东西是什么。

贾 → 只是练习侧重不一样。

枪 → 我多年前看过一本英文讲喜剧创作的书，我是从那里边知道，他们是讲两番三抖，而且作者还跟读者解释这个原理，为什么是两番，为什么第三番要抖，除了数目不同，原理上和相声的三番四抖没有任何区别。

贾 → 我听一些老相声演员强调还是要三番四抖，他说："我们反复测试过。"

阎 → 其实都不是，你抖包袱的手段来源于你观察对方表现成了什么样，这个东西是活的，就跟算卦一样，你要看着对方的眼睛，你发现他已经对前面几番信到什么程度，然后"啪"一下拽过来。这在你的观察和掌握，绝不是刻板的东西。

贾 → 就像赵本山在《卖拐》里领着范伟说"你跟我走"，就把他忽悠瘸了，什么时候咬钩什么时候收线。

阎 → 相声的所谓教学体系有一个普遍性问题，当一个行业开始构建教学跟理论体系的时候，就开始或多或少地反噬这个行业的从业人员了。比如说武术，中国武术有没有能打的？绝对有，但失传了好多，我们看到的很多套路性的东西是为了教学，结果传下来的只有套路了。我们这行也如是，糊涂老师历史上有的是，他得活着，他就要教你，你学完以后怎么着，对他来说不重要。当这种情况越来越普遍，它就会反噬行业标准，很多人都是这套糊涂教育体系培养出来的，你指望他明白吗？不可能。

贾 → 这个也是刚才说的趋中。他们就代表着行业的中，把大家往他那个水平附近拽。

阎 → 咱说一个行业有几个大糊涂虫以后，这行业就要完蛋。

枪 → 哪个行业都免不了出几个大糊涂虫。

贾 → 但是他在别的方面会有本事。

E "成角儿"就是打磨出自己来

阎 → 我这么多年学艺和实践里的感受是：教育不是说你来跟我学，而是我引导你变成什么样的人。德云社能有今天的成功，并不来源于每个人是天才，而是来源于我们有长期大量的舞台实践，实践实践再实践，除实践别无他物，一切来源于实践。我一切在实践中掌握的东西，大部分我能悟到的东西，跟我之前学的东西毫无关系，或者说占的比例非常小。

枪 → 这是说德云社不教吗？

阎 → 我觉得教占的比重非常小，这是我跟很多人有很多争论的地方。我觉得你给他提供舞台实践的机会，在标准上做一些适当的引导当然是必要的。然后真正的核心，相声跟脱口秀在这方面是一样的，真正能成才、成角的核心是什么？我总结一句话就是，在长期的舞台实践当中，去打磨自己人性当中那些可爱跟智慧的样子。打磨，就像一个铜器要打磨一样，它可能是有污渍的，可能是皮很厚，你慢慢去擦亮它，每个人不一样，有的人擦亮是龌龊的，并不可爱，有的人一辈子没有擦亮，碰巧擦亮以后又是可爱有趣的，那这个人才能在台上说话，（他说话）就有人愿意听。我们能做的工作就是提供他打磨的地点跟打磨的时间和工艺，我们做不到告诉他如何打磨，或者打磨出来究竟是什么样。你们也不要教他究竟是往上往下往左往右，那都不重要。

枪 → 总得有人告诉他"你这回磨对了，这次不错"。

阎 → 咱们怎么来分别对错，有时候真的很难。说话让人爱听这事怎么提对错？在语言类喜剧的基础教育里，确实需要有一些好像是刻板的东西，比如说我们学《报菜名》，就得按少马爷（马志明）那版一个字一个字、一字不差地去演，你要说掐表也可以，就按那个时间和尺寸下来。当年我认为这很教条，后来觉得这是必要的过程，因为你只有像这样煞下心来，认认真真地去学一个可能不完全正确的东西之后，你才能知道它具体哪里不正确，这个过程是你不先变成傻子就体会不到的。这个是我师父说的，你要先变成一个傻子，等你不傻的时候，就完成了一个成长的过程，一切东西都是你在实践当中悟出来的，这很重要。有一些可能是错误，有一些可能不适合你，你要知道为什么不适合你，然后你要在不适合中逐渐转变成适合，这个过程给你带来的影响很重要。一开始，我们都很教条地去学，如果你觉得不适合自己了，你会先怀疑自己，说："我这不对，这和当年的马三立、马志明不一样。"你起码要质疑一年，一年以后，你可能在台上做小部分的尝试，心想"我违反一下"。会有人过来骂你，说这是狗屁不通的东西，有的人可能想"我不对，我别这样了"，还有一些人会认为"我应该坚持，我觉得这个东西在我的意识里是对的"，坚持的人往往是最后能明白的人。原来马三立那么演是因为他是马三立，侯宝林那么演是因为他是侯宝林，我永远变不成马三立、侯宝林。当他过了这个阶段以后，才是真正的开窍，就是他真正知道我在说什么，我说这个东西跟我自己有没有构建出交流，好多东西你得先说给自个儿听，你自个儿明白你说的是什么，很多演员他们不知道自个儿说的是什么，他是机械性地在给别人表演。

枪 → 这个给我的感触是，我以前老觉得脱口秀演员上台永远是在自己替自己说话，他们的舞台形象就是他们自己内心真实的精神写照，而相声演员在台上不是这样的，相声演员在台上是扮演别人。但是听阎老师刚才这么说起来，其实相声演员也在寻找适合自己的唯一舞台形象，就是那个"舞台自我"，不断地锤炼，你才可能找到。那可能是你真实的本我，也可能是你慢慢塑造出来的，是你左冲右突，不断尝试，最后试出来的。

贾 → 就像影视戏剧演员的戏路，再好的演员也是有的角色他能演，有的角色演不了。

阎 → 是。咱聊的这个过程就是他逐渐归路的过程。相声跟别的还不一样，说相声的人会潜移默化地受这种语言体系的影响，说话就很有所谓相声味，我们聊天的方式，我们抖包袱的方式，我们潜移默化就变成了这类人，这种影响是被动的，不是我主动要求的，我要在这个影响过程当中找到一个自我的状态。

有一个特别有意思的现象，今天大部分成名的相声演员，在他们初起的时候，同行都会说他说的不是相声。郭老师是，岳云鹏也是。这个现象很怪，一个日后会很优秀的演员，在他成名时，同行都说他说的不是相声，都不是说他哪方面说得不好，而是全面否定。

枪 → 侯宝林当年也收到过这样的评价。

阎 → 对，为什么呢？就是因为他在那个时候，打破了大部分人看到的一些规则。其实就是我们不愿意看到他的那个自己，他的那个自己跟我们习惯的相声不一样。我们今天把相声做到（这个）体量，我们能为这个行业再做点什么？我说是甄别人群当中的郭德纲，人群当中是有这些人的，这些人稍加点拨，他就可以对这个行业做出无以磨灭的贡献。

枪 → 这个观点很有意思——郭德纲真正的使命是寻找下一个郭德纲。

罗 → 我多问一句，你刚才说最后就是打磨出你人性里智慧又可爱的东西，这需要一种信心吧？

阎 → 对，我们看到的永远不是哪个段子或哪个包袱，我们看到的是讲包袱的那个人。这个信心的构建也是反复锤炼的过程，大部分演员到台上，所谓的开窍、能放飞自我，跟信心有很大关系。他这种信心有偶然性，也有必然性。他长期的舞台实践就是必然性的积累，偶然性可能是今天在一个重大场合的综艺演出里一下得了冠军，那转天各种邀约就都来了，有了更多锤炼的机会去占据这个平台，在这种偶然性里，信心就建立起来了。还有一种可能是跟基因有关系，有人天生就在台上人来疯。有些人被喜欢，不见得知道自己为什么被喜欢。所以到最后其实是做自己就够了。

枪 → "知其所以然"是个非常高的要求，很少有人能做到，尤其跟自己有关的事就更难。

阎 → 大部分人都是因为很可爱，你不觉得吗？我们先生，包括岳云鹏……可爱是对一个演员最高的评价，人难得可爱。

罗 → 您觉得可爱是不是因为真？

阎 → 是他愿意去掏出自己的一些东西，掏出他真正所想表现的东西，大部分那些可爱的东西都是下意识的反应，比如一个眼神、一个动作，就这套东西这个人做你才觉得可爱，别人做你可能就觉得猥琐。有些东西是先天的，但有的东西就是需要很真，就是我此时此刻想跟你这样，没有原因，就跟谈恋爱一样，我此时此刻就想看你的眼睛，我就想跟你做一个鬼脸，没有任何原因。然后每个人建立起信心以后，我也不知道为什么这样，大家就喜欢了。他常年在一个段子上反复锤炼，他发现每到这个地方这么演，笑点就是高，这个节奏就是好，他在创作新作品的时候也会复制这些东西，这就是舞台实践。

F

嗯？嗯。

阎 → 今天我说的很多东西，我觉得是最朴实的，大家都该明白。我为什么能说这些话，因为我经历了。我学过艺，我做过科，我按照本子一个字一个字地来过，我知道那个过程是什么，我有连续几千场的舞台实践，我是一宿一宿熬过来的，我太知道这个变化是什么了。我也觉得讲了很多废话，这是是个人都应该看明白的，为什么今天要拿出来，大家都要讨论一番？

枪 → 这个行业，第一缺少共识，第二缺少常识。这俩东西都能促进团结，偏偏都缺。

贾 → 刚才我走神了，我想的是咱们的这种"越是真话越不能在明面上说"的习俗究竟是什么时候开始的？你可以干，但是你就是不能说。这种扭曲是最能催生幽默的，你看咱们的幽默土壤多好啊。

枪 → 想起一个我在古书上读到的笑话，我老觉得它太特别了，老觉得这个笑话背后有什么道理，但我就是一直没琢磨透。笑话说的是两个老生员，因为文章做得太差，被县太爷一块给脱了裤子打板子——已经是俩老头了，还受这种罚，显然是最不争气的读书人了。被打了板子之后，这俩人又见面了，在哪儿呢？在儿女结婚的喜堂上，俩人竟然是亲家，一开始没认出来，但忽然有一个就认出对方来了，说："嗯？"另一个说："嗯。"这俩字本来是写在书上的，这俩"嗯"的语气是我脑补的，实际上写出来就是一人说嗯，另一人说嗯。这个段子就是这样，忘了在哪个书上，太逗了。

贾 → 就是用文言写的？

枪 → 对，非常简洁。这样的笑话，其实也不多，几乎是个孤品，那两个"嗯"太妙了，精致，含蓄，准确。我前几年写《六里庄遗事》的时候就想着，争取努努力，能写出一段这种水准的东西来，哪怕一本书里能有一段也好。没写出来。

（后来查到的笑话原文：

两秀才同时四等，于受责时曾识一面。后联姻，成亲日相见。男亲家曰："尊容曾在何处会过来？"女亲家曰："便是有些面善，一时想不起。"各沉吟间，忽然同悟。男亲家点头曰："嗄。"女亲家亦点头曰："嗄。"——出自《笑林广记·卷二 腐流部》）

阎 → 包括我们写的东西，好的台词是这种台词，就是话少，但涵盖的东西极多，而且又表现得很清楚。

G
找不着对象的就不要说脱口秀了

枪 → 刚才您说上台前有个"今天上台是为什么"的想法，我能知道你自己的答案吗？

阎 → 我只想展现、表现自我的状态，这种状态不是一定要让观众乐，那种欲望是让你知道我想了什么，或者说我构建了什么，我编了什么东西，这种想法跟一个创作者的初衷是一样的，并不是为了搞笑，一切想乐的东西都是我慢慢点缀、附加在上面的。而且有的时候在舞台实践当中，你发现那些东西恰恰又不用去点缀，自然而然地就来了。这个东西是一个什么逻辑？就是说能留下来的，恰恰是会点缀的人，如果不会点缀的人，转行就干别的去了。我能留在搞笑行业，就是因为我先天知道怎么把好笑装饰到我身上。

每个人在台上，应该让观众知道你想的是什么，而且这也是这个行业赖以生存并且还能往下发展的唯一的东西。如果哪天这个东西被AI取代了，不是没可能，我弄一个算法，我无限复制，比刘宝瑞还要缜密幽默，不是没有可能。现在数字技术都发展得跟你搞对象都可以了，有什么不可能？

当到一定程度的时候，你一定会发现，给你的观众"洗脑"才是最重要的，当然"洗脑"是加引号的，就是说出你的观点，让他们认同你，构建一套循环和往复的关键关系，这是很重要的过程。说出你的东西以后，人是给你反馈的，他的反馈是互相递进、互相促进的，能构建这套健康的逻辑和健康的生态，才是真正的买卖。如果只提生意的话，好多卖东西的、干微商的，不是在卖商品，而是在建立关系。观众一旦喜欢你，他什么都能接受，因为他喜欢的是你。

枪 → 用我们广告的行话是从喜爱产品变成了喜爱品牌，他一旦不只是你产品的爱好者，是你品牌的爱好者，那你出什么产品他都会喜欢。

阎 → 对，忠诚度。而且到了这个时候，你的东西一定是好的，因为你已经把这套生态体系进化得非常好了，你一定有闪光和拿人的东西，这是双方促进完成的。跟搞对象一样。

枪 → 对，要是连搞对象都搞不好，那他不只是不适合说相声，他可能就不适合干任何靠说话、靠沟通、靠表演为生的行业。

阎 → 搞对象，如果你真爱这个人，你一定要很真诚，你要如此真心地去讨这个人开心，你要拿出这个状态来，就是认真专一、不计报酬地讨这个人开心，那个状态下如果他真喜欢你，那你在他眼中一定是非常可爱跟令人觉得有感情的。

H
千年未有之大荒地

贾 → 聊了这么多，我发现一个人进入脱口秀和相声时有个明显不同：他去当学徒说相声时知道这是一个饭碗，我得按照吃这碗饭的手艺去学；然而说脱口秀的时候不太去想这是不是个行当，那里有个麦克风，我过去讲讲自己的事，讲完下台回家。这个进入姿态的不一样，可能也是现在的脱口秀演员回答不了"这是不是个行业"的原因。

阎 → 因为笑果做成今天这个程度了，我才会问他们这个问题。其实这是一大片荒地，谁要是一拍胸脯说"爷就是"，那你就是了，为什么不说呢？这个态度太大了，你是个行业啊！中国文艺界几千年都没这样的机会了。

枪 → 多长时间没见过荒地了。

贾 → 刚刚我还想到阎老师说的那个问题，相声演员和脱口秀演员在台上打磨的那个可爱的东西是跟着他走的，这也和其他表演不一样，其他形式的艺术，演员打磨出来的这个东西他自己带不走，唱歌的就留在歌里，演戏的就留在戏里。

阎 → 其实不用想这么多，人就是自己。演员你只能做到一侧，有的好演员是把什么都演成像自己。

贾 → 我以前真没有从这个角度去想：这一行是能干好的怎么干都很容易，干不好的一辈子都干不好。

阎 → 世界上只有两种人，一种是会说相声，一种是不会说相声。会就是领悟，是魂，是血里边有这个东西，不是脸上有。

枪 → 可我也觉得有些演员是原本明显看着不会，后来磨了好些年给磨会了，竟然就会了。

阎 → 那说明他本来是有的。我见过这种情况的演员，刚来的时候，二十多岁的人说不了一句整话，但是实践一段时间，他在剧场里就收不住了，这来源于先天的语言能力。老师提供一下平台，适当地做引导。老师要是天天教，说这徒弟是我一嘴一嘴教出来的，这你放心，老师也糊涂，徒弟也不咋的。

贾 → 您觉得从脱口秀里获得了什么启发？

阎 → 相声发展到今天，大家又把传统相声捡回来这么多年，我们有了一套很完备的构成包袱的体系，说话的方式、语言的方式，在这一套体系方式里，你会发现像脱口秀那样去说自个的东西变得很难。我现在在相声里说的垫话跟小段，刻意只说我自己真实的事儿，也不搞荒诞，回归我还是真实的我自己。有一件今天想起来很后悔的事儿，我那次到上海去笑果的剧场看了一眼，庞博说："你想不想上去说一场？"我说我想，我真想推门出去来一场，但我又怕不方便，其实说了就说了，我特想把我那套说我自个的东西在脱口秀的现场里检验一下。

枪 → 值得一试。

罗 → 相声演员会不会尝试做脱口秀？

阎 → 不行，我们已经构建的这套东西很难打破，再去适应今天的脱口秀。

贾 → 相声和脱口秀有没有竞争关系？比如有些人听脱口秀就不听相声、听相声的就不听脱口秀？

阎 → 我希望脱口秀强大起来，那样也让我们相声死得更晚一点。我和笑果建议过，我说咱们可以两个公司做个综艺，来一帮说相声的再来一帮说脱口秀的，咱找个园子，同一波观众，插花式的，三场脱口秀，三场相声。笑果他们说："我们的观众跟你们的观众不一样，您相信我，我了解我们的观众。"但是我觉得这个设想是好的，这是个挑战，我们把观众都打乱在一起，看谁能把这个场子忽悠起来。

枪 → 你看脱口秀这玩意在中国年头不长，可他们这道路自信可是挺坚定。

阎 → 就很上海。

枪 → 可是笑果里头哪有上海人？

阎 → 不，是说这个城市的气质，上海这个城市魅力无穷。

罗 → 这种意识最强的往往不是上海本地人，而是从外地来上海的人。上海本地人，我认识的一些年轻作家，甚至会抵触这种地域思想。

贾 → 外地人来上海的终点是上海，上海年轻人的终点是世界。

阎 → 所以我一开始就提"双城记"。北京强大的文化政治中心气场可能会使它没有上海那么丰富的生活体验。

贾 → 北京当年的气息现在也没有了。我上小学一年级来北京旅游，住在新街口旅馆，往下一看都是胡同的灰屋顶和绿树，街上卖五分钱一碗的大碗茶，好像能直接感受到这座城市的气息。

阎 → 北京的那个质感没有了。

枪 → 我来北京是2000年，那时候的北京还是有一股子蛮荒气，烟还呛人，街上还飞尘土，那个北京让我觉得新鲜可爱。

HOUSE × 周轶君

笑是个挺高级的事

整理：帼蕾，袁袁

周轶君与House的对谈发生在山羊Goat。山羊Goat的夜晚常常聚起一群人，脱口秀演员们在这里讲开放麦，也在这里聊喜剧。这一次House与周轶君对脱口秀进行了一些小探讨，在此摘录一些。

周轶君 → 讲脱口秀，为什么有的人特别好笑，有的人相对来说，没有那么好笑？

House → 喜剧的时机很重要，讲梗的时机如果不恰当，观众听了也会觉得有点莫名其妙。段子一般分为铺垫和梗，我感觉有的人铺垫写得不太好。

周轶君 → 怎么说？

House → 有的时候，铺垫的方向是要误导观众，而有的时候要把气氛烘托到一个恰到好处的火候。

周轶君 → 其实我小时候第一个梦想是做相声演员，但那时候，没有什么女相声演员，并且女性形象也通常是丑角，讲段子就是嘲笑自己。

House → 在我看来，国内喜剧的视角是男性主导的视角，如果你服从了男性视角，顺着男性视角写段子，就怪怪的，大家也不爱听这种。如果你要以女性视角讲段子，有的东西就得解释清楚，比如女性为什么有这样的困境，可能解释困境的时候，两分钟已经过去了。

周轶君 → 我看一个女演员在台上说热玛吉，然后底下一堆男的问什么是热玛吉。

House → 对，这还是一个稍微大众一点的词，要是那种社会学角度的，就更难讲了。颜怡颜悦做得就比较好，我很崇拜她们。

周轶君 → 我也看到一个女演员特别好玩，她讲头发，一开始我会觉得，诶？头发这件事真有那么多可说吗？但她越说越好。

House → 现在开发出了很多新的技巧。

周轶君 → 这是由技巧推动的吗？

House → 很多时候是叙事技巧，比如我大概误导到一个方向，然后再继续走，最后往回说。我觉得这像写诗一样。

周轶君 → 所以李诞是写诗的。

House → 对，他是诗人。我们的语言不完备，如果能发现一个全新的组合，就会很有意思。

周轶君 → 那脱口秀演员有培训吗？你说的这些技巧他们每个人都知道吗？

House → 我们有训练营，会大概教一些技巧。但好像教的时候没有说这个技巧的名字、定义，让他们去背。这样是写不出好东西来的，一般都是服从自己的审美。

周轶君 → 都是怎么写呢？

House × 周轶君 / 笑是个挺高级的事

House → 基本上就是选择一件事，把自己再代入进去，选择一个你面对它的时候的态度，不管是恐惧、生气、高兴、逃避，都可以有好笑的角度。

周轶君 → 我想知道，让人笑这件事是终点吗？你所有写的东西，最后想到达的地方就是让人笑吗？

House → 目前阶段是的。国内的喜剧，包括《脱口秀大会》这些都是，让人笑是终点。

袁　袁 → 但一开始，你要是抱着"笑就完了"开始写，是写不出来的。

周轶君 → 就像马三立说的，他希望观众当场笑了，回家路上还在笑，第二天还在笑，三个境界。我觉得有的东西就是当时听着没有那么好笑，但越想越觉得太有趣了。

House → 我在想我写过这种东西吗？我也不知道我写没写过。

周轶君 → 我看过你讲银行，觉得特别好笑。

House → 因为大家都去过，是有共鸣的角度。一般这时候就要说得很准，也不用有特别搞笑的梗，只要你戳中一个点，你的说法是大家没想到的，也会笑。

周轶君 → 大家笑，不是因为你说错了，是因为你说对了。

House → 对，展示荒诞——大家平时可能视而不见的荒诞。

周轶君 → 你觉得观众怎么样？总体上你对观众有观察吗？

House → 现在的观众比以前口味要刁，观众会考虑你说的主题合不合适开玩笑。最明显的其实还是女性话题，前两天有个朋友讲段子，很刻板地吐槽女性，当时底下就有几个女观众嘘他了，他也不是有恶意，就是觉得好笑。但这整体上是一件好事，观众审美上来了。

周轶君 → 你觉得讲脱口秀对你有什么影响吗？

House → 可能喜剧挽救了我。

周轶君 → 为什么叫挽救了你？

House → 干这件事之前，我不相信自己有魅力，不相信别人愿意听我说话。

周轶君 → 做喜剧，需要用什么东西来养吗？

House → 我以前看书挺多，最近写的东西都是靠以前读的书养出来的。现

197

在没怎么看书了，很焦虑。

周轶君 → 看书能养吗？

House → 能养，很养。我觉得这东西最终还是一种文学，就是在拓展语言吧。或者是发现一件大家可能会忽视的事，然后讲得生动，让大家想听下去。这跟文学关系很大。

周轶君 → 所以你指的是看小说吗？

House → 我主要看小说，好多人是看社会学类的东西。

周轶君 → 我之前不是拍一个教育纪录片嘛，在芬兰他们有人格教育，不太强调竞争，会说各种各样的美德优点，让孩子觉得，就算我什么都不会，我还有很多优点。其中一个就是幽默，有幽默感是很重要的事情。

House → 因为它能化解很多危机，好像很多演员都是从小通过幽默感来化解危机的，久而久之就变成了这么一种人格。

周轶君 → 那一个女生如果有幽默感，她有魅力吗？

House → 好像国内会特别贬损女性幽默的魅力。好像一个男的看到一个女性比他还好笑的时候，就瞬间失去兴致了。

周轶君 → 我觉得说笑话可能挺爽的，但是打磨一个段子会不会很折磨人？

House → 对某些人来说是很折磨，但是何广智和张博洋是很喜欢磨段子的。他俩有了个好段子之后就会一个字一个字地改。其实就是在一堆词里找一个最准的，那些经验丰富的人，找多了，大致方向就了解了。这可能就是新手和高手的区别。新手感觉360度的词儿都得找，高手基本上就在10度左右的范围里找东西。

周轶君 → 为什么现在讲脱口秀的都特别年轻？这是一个青春饭吗？

House → 可能是年轻人比较容易接触到。其实以后应该会有越来越多年纪稍大的人来讲，他们的人生阅历可以碾压年轻人。范志毅就是，年轻人永远无法用那样的视角讲东西。

周轶君 → 做喜剧的人私下会很痛苦吗，像周星驰那样？

House → 我觉得我们应该是全中国幸福感比较高的一群人。周星驰可能没那么多同水平的人一起讨论，互相碰撞，所以他很孤独。我这个阶段就很幸福，上有老下有小。李诞可能是全公司最孤独的吧。

周轶君 → 我有次看美国的一个脱口秀演员，说脱口秀的工作就是being bad on stage，在舞台上讲自己的糗事，但你又不能too bad。

House → 第一个坏可能就是人性本身的那种诚实，面对自己的不完美。脱口秀是可以把漏洞展示出来的，在台上千万不要说自己完美。

周轶君 → 我小时候觉得自己挺搞笑的，开始上学念那种正儿八经的专业，就变得很正儿八经。我跟朋友还说，我都不会说笑话了。

House → 您现在依然搞笑，我也经历过很严肃的阶段，脑子里都是二次函数、回归模型，可严肃了。

周轶君 → 就是说我们还能变正常，是吗？

House → 您现在还不正常吗？

周轶君 → 我不知道正常是什么了。

House → 也是，正常很难定义。我老用这种很难驾驭的词儿，要改。

周轶君 → 我觉得我要讲的话，可能就特别不接地气，属于那种自己笑半天，别人不知道说的啥。

House → 没关系，您自己能笑说明本来就好笑，您再翻译给大家。

周轶君 → 我听一个人说过，脱口秀不是一个演员说了一句笑话，而是一个好笑的演员说了一句话。很长一段时间我都没有消化这句话。

House → 当一个人好笑的时候，他怎么处理这句话，你都觉得这人一定别有深意。他过去的那些作品或者其他的表现，已经深深地让你相信他了。您的事就特别适合写脱口秀。

袁 袁 → 之前轶君老师跟我说过，年轻的时候第一次去中东，当天就发生了轰炸，然后吐槽说，"我不会这么倒霉吧，第一天就死了"。还有次在战场上，两边激战完，一个士兵拿出饼来吃，还问轶君老师要不要。

周轶君 → 我这些事情说了很多次，只有你笑了。

House → 你跟脱口秀演员说，大家都会笑，我们虽然人好，但是不讲礼貌。其实越大的舞台，构建画面感就越困难，画面感越强烈，给观众的冲击就越大，最后笑就成了一种放松警惕的标志，一种消失的感觉。

周轶君 → 我都没有觉得这些事情好笑，看来幽默感不够。

House → 情绪很重要，负面情绪是可以激发创作的。前两天我老婆淘宝上让客服气着了，我噌的一下就站起来说，快让我看看他是怎么惹你生气的。

周轶君 → 你让我觉得自己白活了，原来那么好笑的事我都没觉得好笑过。

House → 我理解的最好笑的东西都是荒诞的东西。你遇见的东西很多都非日常，荒诞感很容易出来。

周轶君 → 我想起来挺多挺可笑的。有次有人带我逃，带我去一个什么地儿，门一开有个小密室，待里头。我以为他要指路给我出去，我说现在干吗，他说祈祷吧，Pray。

House → 我们再聊两小时，周老师就参赛了。

周轶君 → 我原来以为我过着一种可敬的生活，原来我过着可笑的生活。

House → 可笑的生活同时也是可敬的生活。基本上这稿子已经出了，您整理一下，顺一顺。都能参加《脱口秀大会》了。

周轶君 → 我可能会笑场。

House → 讲多了就不会了。

周轶君 → 你会觉得你有一种责任感，就是要让人笑吗？

House → 跟朋友聚会的时候没有，上了台就有。脱口秀有一点挺好，就是跟平时聊天差不多，不用刻意地去扮演一个好笑的人格。

周轶君 → 也不用学表演？

House → 不用，这行业的门槛就是令人发指的低，门槛就是会说话。我最近见过最好笑的一个美国演员，是个结巴。正因为他结巴，他所有的小情绪都放大成大情绪了。

周轶君 → 有意思。

House → 语言是很奇妙的。我觉得现在我们的语言已经没有想象力了，讲脱口秀其实就是在还原母语本来该有的那种想象力，古人讲一件事比我们讲得生动多了。大家都忘了我们的语言这么有活力。

周轶君 → 聊到现在，我越来越觉得笑是个挺高级的事儿。

颜怡颜悦 ✕ 路内

脱口秀的终点是写作吗

整理：帼蕾，袁袁

路内老师很喜欢脱口秀，但线下开放麦是第一次来看。散场后，颜怡和颜悦到了，带着《雾行者》同作者要签名。腰封上引用了书里的问题："你曾经是文学青年，后来发生了什么？"

这一晚山羊GOAT坐着的都是文学青年，后来他们聊了三小时的脱口秀。在此摘录其中一些。

颜怡 → 他们（笑果的编辑部）是怎么请到您的？

路内 → 私信。我收到后就问了下朋友,这个票是不是很难搞?他们说非常难搞。我后来发现,有钱还买不到开放麦,要抽选的。他们说你一定要去看,开放麦很火爆的,会有很多从来不能讲的段子。

颜悦 → 您看完觉得呢?

路内 → 基本上还是能够在饭桌上讲的。

颜怡 → 您之前听过脱口秀吗?

路内 → 我现场没有听过,电视里有。你们俩的我也听过。内行说要看节奏,两个人的节奏特别难弄。因为你们不是一个人在讲,两个人在讲的话,这个节奏会更复杂一些。你们俩想过拆伙吗?

颜怡、颜悦 → 想过。

颜怡 → 也不能说是拆伙,因为我们一开始也不是在一起讲的。后来是因为要组成这个人设,要讲双胞胎的东西,才一起上台的。

颜悦 → 脱口秀因为讲自己,有人设是最好的。

路内 → 什么叫有人设是最好的?

颜怡 → 像我们素人的话,首先要拼命找人设,还要让观众试图去care你这个人设。

路内 → 讲话的立足点是这样的。

颜悦 → 我觉得这就有一个很大的局限,脱口秀讲的基本上来源于自己的生活,那我们大部分时间就是牵涉双胞胎的身份嘛。既然我们俩都干这行,如果另一个人不跟我一起上台,就会特别奇怪,就不自然。

颜怡 → 不得不一起讲。

路内 → 但是对你们的节奏和你们题材的限制会很大。

颜怡 → 是的。脱口秀的局限就是很难跟本人分开,你不能虚构,其实我觉得虚构很好玩。我们最开始就是想写作的,身边也有一些想搞写作的朋友们,但是他们也有非常难受的一点,可能得不到反馈。

颜悦 → 可能投稿以后很长时间得不到反馈,只能憋着写给自己看。我觉得脱口秀多少对我们来说,是一个可以输出的地方,也可以在这个过程中不断地练习语言。而且,说段子会有及时的反馈,你会立刻知道你的段子有什么效果。

路内 → 因为你可以站出来讲嘛。以前网上流行的段子写作是没有表演的。现在段子只能成为你的脚本，并不是作为一个成品，完整的作品包含了你自己的表演，写作只是一个过程了。

颜怡 → 我们来的路上很想跟您讨论一个问题，您有没有觉得现在大家有失语症——习惯了流行用语，于是只能用流行梗来交流的这种状态？

路内 → 我觉得是这样，在日常交流中这很方便。你一说"凡尔赛"，就不用再去解释，它定义下来有它的好处，特别是反讽和贬义，起初你没有办法定义，但是当你找到一个词定义之后，定义即为批判。当然这种批判不一定是对的。你看这个过程中间，比如"绿茶婊""白莲花""凡尔赛"什么的，都是在批判别人，从社会学意义上来说是有效的。但是当它作为一种固定的修辞，所有的词最后都会陈旧、变成陈词滥调，也就失去了活力。归根结底，你们讲脱口秀，我写小说，都是在做一个修辞。

颜怡 → 可能是因为这个原因，我们对于网络用语非常敏感。

路内 → 你们口述可能会更敏感。

颜悦 → 大家可能想不到，我们其实不管是给节目写稿还是自己写，都很避免使用网梗。

路内 → 对，都是这样。我写小说倒不是不怕，只能是一处两处不怕。如果通篇这样，这小说没法看了。实际上我也会避免用流行语。脱口秀更加如此。对创作者来说，它既是语言的朋友，同时也会是语言的敌人。

颜怡 → 真正留下来的流行语很少，我们不用，是不知道两三年后它会不会被淘汰。

路内 → 今天讲一个脱口秀，还指望两三年后没有被淘汰吗？

颜悦 → 一两期就被淘汰了。

路内 → 它的问题在于这些词太容易被理解。这个词已经是核心了，越是新的词越是代表了意义的核心。当你绕过了所有的故事，直接达到意义的核心，那我为什么还要听你讲脱口秀呢？你可以模仿，但你不可以绕过去。

路内 → 你们现在写东西吗？除了写段子以外。你们可以写的，你们俩对小说的理解很好。

颜怡、颜悦 → 在写。

颜悦 → 我们现在在写一个舞台剧。其实是之前我们去面试别的节目，他们设置了很多坎，还是过了，就在犹豫要不要去。李诞就说你们应该要先有自己的作品。后来我们就没去。

颜悦 → 他就为了拦住我们，逼我们搞这个舞台剧。当然，我们自己也想当导演，想写这个剧。

颜怡 → 不满足于写脱口秀。

颜悦 → 我们就是想虚构，我们已经受够了真实生活，我们太想虚构了。

颜怡 → 他说你们不用那么好笑，听到这句话我就想，行了。

颜悦 → 我们要写成两个人一生对照的故事，作为一对双胞胎。

颜怡 → 我们最近分居了。我们俩长到25岁，终于拥有了自己的房间。

颜悦 → 一开始说要寻找自我，然后就分居了，结果分居以后越来越像了。

颜怡 → 甚至比以前更像。

路内 → 写舞台剧比写脱口秀开心吗？

颜怡 → 我觉得更开心。它可以包含更多，谈论更多。其实我们会来笑果，一开始是因为看到李诞的微博，他会发一些很好的摘抄，以及他自己写的闲言碎语。

颜悦 → 我们就是被李诞骗来的。我们大学的时候，根本不知道他是脱口秀演员。

路内 → 哦，以为是来写作的哈哈哈哈。

颜怡 → 对，我以为是个写作训练营。当时管理还比较松散，不要求我们交表演，只要求我们交稿，我们说交稿，那不就是个写作的东西吗？

颜悦 → 我们觉得段子也是写作嘛。当时写的也不是现在这么正常的段子，当时写得奇奇怪怪的。

颜怡 → 李诞最近进作协了，他说进作家协会，就可以进那个院子看很漂亮的建筑啊什么的。

路内 → 对，还有个女神像。贵宾进去的话，有四个青蛙的小雕像会朝那个女神像喷水，就不知道李诞进去的时候喷水了没有。

颜怡 → 我记一下，待会儿问问。

（据颜怡说，李诞笑着没有回答。）

颜悦 → 来公司之前就是觉得他写得挺好的。他也跟我们说他很喜欢你的书。

路内 → 我在看他写的《候场》。蛮有趣的。我以为他写综艺界的后台八卦，具体看了觉得八卦还是少了。当然我也理解，他毕竟不是狗仔队。

颜悦 → 我感觉您一直输出很强，怎么保持这种创作的？

路内 → 我是不是写太多了？这样不好。找素材方法挺多的，比如说，听人讲故事，出去看看外面发生了什么，最好是当下的。你差不多得知道这个时代在往什么方向走。

你有没有发现，一部电影拍好了，今年没放，你放个两三年再看，就有点过时了。脱口秀也是，小说也有点，当年写的，如果没发表，现在再看就有点过时了。

颜怡 → 脱口秀要谈论的东西更新迭代特别快。

颜悦 → 尤其是一个人的故事很快就讲完了，他们就像一辈子只能写一本书的作家。

颜怡 → 其实我们从前做脱口秀没有这样的感觉，就是最近两年，很明显的一点就是，如果你没有一个主题、一个表达的观点的话，观众不会给你投票，观众不会鼓掌。

就是你无法把气氛推上去，只有你一直在哔哔这个事情，讲讲讲，最后突然输出，观众就会鼓掌，如果鼓掌的话，你就一定能拿高票。

颜悦 → 评委才会给灯。

路内 → 你们《脱口秀大会》不是每一集都有主题的吗？

颜怡 → 我们有时候会自己找主题。他们给的主题就是亲情友情爱情。

路内 → 作者找主题应该更具体一点。

颜悦 → 您写作会故意去找主题吗？

路内 → 短篇小说可以的，长篇不行。长篇你可以做到母题先行，但是主题先行的话，小说会写崩溃的。体量越大就越这样，短一点的话可以。我让你讲三个小时的脱口秀，你也做不到扣主题，肯定偏题的。都跟它的体量有直接关系。

颜悦 → 对，可以这样想，三个小时的脱口秀，太可怕了。

路内 → 你俩一起上台的话，两个人这样交错着讲，讲一个小时，比一个人讲更累。下一届的《脱口秀大会》你们还参加吗？

颜悦 → 必须参加，那是我们的绩效考核。

颜怡 → 走不到后面的话，挣的钱就少。

路内 → 那你们还是来作家协会吧，对写作量没有什么硬性要求。爱写就多写点，不爱写就少写点。拿文学奖的也就这么回事，不会有啥优越感。作家嘛，写得好而没拿奖的，多了去了，最高级的叫做"述而不作"。

颜怡 → 不用工作吗？

路内 → 反正写小说就是这样，不要随便非议别人写得差，自己总有一天也会写砸掉的。别人写得少是因为牛掰，一本两本就够了，要写那么多的岂不是变成苦力？

颜怡 → 这太好了。

颜怡 → 我前段时间看到齐泽克的专访，他说新冠疫情下，我们可能正在告别旧有的生活方式，疫情对您的写作有影响吗？

路内 → 对我没什么影响，对出版影响挺大的，地面书店不太行。去年（2020）遭非议最多的就是李诞的《候场》，卖了三十万册。人家能不眼红吗？有的编辑想不明白的。费了九牛二虎的力气打造一个作者，最后才卖十万（十万已经很高很高了）。李诞上来什么奖也没有，三十万。他现在肯定被一群编辑围猎呢，感觉应该不错的。

颜怡 → 文学界会忌惮这样的吗？

路内 → 对一个只卖三千册的人来讲，十万和三十万都无所谓，都是世界尽头，干吗特地跟李诞过不去呢？竞争量级是在十万和三十万之间。同行是冤家，我指的是出版，总有个别人不乐意。
你们出去不会和其他脱口秀演员互撕？我去年也是开了眼，出版社编辑之间的竞争激烈，青年作家也有这个倾向，以前似乎不这样。使绊子的，明刀明枪的，各种故事听了不少。是不是因为经济太差了，人都比较焦躁？这样不好，同行见面就跟抢了老公一样，这个比喻也不好，放在小说里凑合，放在现实中属于政治不正确，换一个吧——至少也像抢了钟点工一样。

颜悦 → 您去讲个脱口秀吧，太好笑了。

路内 → 你要我上《吐槽大会》吗？不能去，我吵不过别人，现场组队吵架太疯狂了。还是你们写小说吧，上海作家协会挺好的，气氛宽松，从来没有双胞胎加入过。

颜悦 → 我们去看一看青蛙。

快问快答

还记得自己第一次登上开放麦舞台时候的心情吗?讲的段子还记得吗?

豆豆 → 心情很激动,感觉喉咙有血腥味的那种激动,站在100米起跑线的那种激动。讲的段子非常奇怪,记得但我不想回忆,虽然效果还挺好的。

何广智 → 巨紧张甚至有些恐惧,有一瞬间想过逃跑,可能是热爱盖过了恐惧吧,最终还是站上了舞台。我只记得讲了一堆自己编造的故事,完全不能打动观众,效果一般。

小北 → 记得。我当时特别紧张。讲的是一些俏皮话,现在看来有点自作聪明的梗。但那个时候,观众很包容。第一次讲完就有人找我合影了,当时我就在想"我是谁啊,也太给我脸了"。

颜怡颜悦 → 心情比较放松,因为台下有李诞。讲了一些关于自己的一生的段子。

杨蒙恩 → 第一次上台就很紧张也很兴奋,讲了一些关于内蒙古地广人稀的段子,什么在社交软件上都刷不到人,把"探探"当防盗软件,蒙古包方圆几公里来人就提高警惕啥的。

赵晓卉 → 忘了,大概是车间内容。

喜剧的秘密: 从脱口秀说起

THE SECRET TO COMEDY, STARTING WITH STAND-UP

House → 有些走投无路的感觉。那时候没观众，只有几个演员互相听。正经人谁干这个。

我讲了一个把蟑螂链接互联网能有效遏制种群数量的方案，我对互联网真是爱恨交加。

张骏 → 很紧张，第一次被那么多人看着。段子完全不记得，太冷了，我选择性把那段记忆遗忘了。

邱瑞 → 第一次上台之前很兴奋，花了两周时间写了5分钟的段子。当时在台上很尴尬，鸦雀无声。第一次体会到绝对的尴尬，第一次体会到5分钟的漫长，半分钟之后就想死在台上了。

如果没有脱口秀，你觉得自己现在可能在做什么？

豆豆 → 我可能是一个乒乓球运动员。

何广智 → 没想过，大概率在山东。

小北 → 可能在传媒行业，做视频、节目编导之类的。

颜怡颜悦 → 可能都在写作。

杨蒙恩 → 没有脱口秀我现在可能是一个优秀的搞笑视频博主。

赵晓卉 → 在单位上班。

House → 在某个公司混日子的同时做白日梦。跟现在挺像的。

张骏 → 我现在应该会在美国继续读博士。

邱瑞 → 可能在互联网大厂做到P5或者P6级别了。

鸟鸟 → 家务。

你觉得一个专业的脱口秀演员可能会具备哪些特质？★（相较于脱口秀爱好者）

豆豆 → 表达欲。

何广智 → 首先得是一个幽默的人，对生活有独特的见解，最好有一个鲜明的人格。鉴于现在的网络舆论环境，还得有一个大心脏，当有人曲解你的笑话来攻击你的时候，你要挺住。

小北 → 比普通人更敏感、脆弱、细腻，对人的情绪感知也更敏锐。

颜怡颜悦 → 把脱口秀当成决定自己温饱的东西，执着于把每一个段子写到最好。

杨蒙恩 → 坚持。

赵晓卉 → 意志力，洞察力，感受力，自律。

House → 觉悟，面对观众的觉悟，给观众表演和平时聊天时候的逗乐区别太大了；自我反省的觉悟，对自己客观评价是很难的，不客观的人永远好笑不起来。

张骏 → 对段子有自己的审美，知道什么是一个好段子，也更敏锐。

鸟鸟 → 脸皮厚。

你觉得自己在脱口秀这方面是有天赋的吗？你是在哪个瞬间意识到自己是有天赋的/没有天赋的？

豆豆 → 发现自己可以抑制住喉咙有血腥味的那种激动、站在100米起跑线的那种激动的同时做表达的时候。

何广智 → 有吧，就是上学的时候接老师话能把同学逗笑。

小北 → 肯定是有的。第一次讲脱口秀的时候，我发现自己讲得很开心。我当时觉得这就是天赋，我的天赋就是享受舞台。

颜怡颜悦 → 目前还不清楚，我觉得脱口秀可以拆解成很多东西，讲话的能力、写作的能力、舞台感染力，可能哪一方面有天赋都会有帮助。

杨蒙恩 → 有天赋，我上大学的时候就发现自己上台讲话能逗别人笑，但不知道在哪儿兑现自己的天赋。

赵晓卉 → 有点。别人说我有天赋的时候。

House → 我认为天赋是在某个领域持续做有效努力的能力,天赋高的人的所见所闻,会自动转化为创作的素材,并且一直在潜意识里寻找更好的表达方法。从这个角度来说我只能算是天赋平平。但在每次写出好梗的时候我都会觉得自己可真是个人才。

张骏 → 有的,我在生命中的所有时刻都能意识到,自己是个搞喜剧的天才。

邱瑞 → 我的天赋就是坚持,集中注意力只做一件事。意识到自己有天赋是在写出"钻石房"之后,那时候我觉得好像找到自己了,知道自己想表达的东西是什么了。

鸟鸟 → 没有。表演冷场的时候。

你觉得自己更喜欢/适合开放麦、线下演出、节目哪种舞台?

豆豆 → 更喜欢大剧院的演出,仪式感更强。

何广智 → 都挺喜欢的,开放麦是创作,剧场演出是展示,节目是较量。最刺激的是节目,各自拿出来最好的内容,各种挑战,各种硬碰硬。这种压力下往往能逼出来演员的最大潜能,不停地推动内容的进步。

小北 → 我肯定更喜欢线下,线下更有交流感,我喜欢那种面对面的反馈和笑声。

颜怡颜悦 → 最喜欢节目舞台,因为比较单纯。

杨蒙恩 → 更喜欢线下演出讲脱口秀。

赵晓卉 → 都还行。

House → 我不知道。我觉得通畅的人无所谓这些,我就还不够通畅。

张骏 → 我觉得我都挺适合的,除公司的年会以外,其他能和观众聊天的地方我都喜欢。

在脱口秀领域，你有什么目标吗？

豆豆 → 有阶段性的目标，目前是改掉一些小动作。

何广智 → 在节目上取得好成绩，获得大家认可。

小北 → 没啥目标，讲就行了，我希望自己能一直讲，讲一辈子。也希望能接触更多的喜剧形式。

颜怡颜悦 → 提高创作能力，能力更强以后转向其他领域。

杨蒙恩 → 暂时没有什么目标。

赵晓卉 → 开专场。

House → 我想拍个《路易不容易》(Louie) 或者《办公室》(The Office) 那样的剧。照目前的进步速度大概2324年年底之前一定能完成。

张骏 → 一直讲下去。

邱瑞 → 一直讲下去，争取死在舞台上，或者在去舞台的路上。

鸟鸟 → 比乔治·卡林和路易·C.K.加起来牛逼一百多倍吧。

（医生：你该吃药了）

我们常说这个段子好，这个段子差，脱口秀的段子真的有优劣之分吗？是否有一些评判标准？

豆豆 → 感觉是有的，但我说不出来。

何广智 → 理论上两个完成度百分百的段子是没有优劣之分的，但是几乎不存在完成度百分百的内容。所以谁的完成度高谁好。完成度包括好笑程度、故事的完整性、结构的完整性、分寸的拿捏等等。

小北 → 我觉得任何东西都有好坏之分，但没有高级低级。其实就是经验，从事行业久了，就能下意识地知道这个东西一听就是好，一听就是坏。这不是个清晰的感觉，每个人之间会有点微妙的差别，但绝对的好大家还是能感觉到的。

颜怡颜悦 → 当然有，而且巧妙之处在于每个人都有自己的标准。

杨蒙恩 → 段子的优劣我觉得就看是否有观众接纳它。

赵晓卉 → 有标准，但我描述不出来。

House → 有。准确、独创性、完成度。我是用这些标准评价的。除此之外还有个最直接的标准，有些段子我听一次笑一次，哪怕心情最不好的时候都是，这可能就是 the best。

张骏 → 有优劣之分。对我来说，一个好的段子，逻辑肯定是清晰的，一个段子的梗出来最好能有"意料之外，情理之中"的感觉。

邱瑞 → 我会给自己的段子排序。三个方面吧：题材独创性、好笑程度和表达性。

鸟鸟 → 善良，有洞察，有共鸣，准确。

当你处在新人红利期时，感受如何？你觉得自己有得到一些所谓的红利吗？你认为一个新人应该如何度过这个红利期？

何广智 → 肯定有新人红利期，因为刚出来大家感觉比较新鲜。先不用担心没有突破、观众看腻了怎么办，随着生活的推进，技术也越来越成熟，时机到了你自然就会有新内容出来。

小北 → 这一行新人是没有红利的，而且对新人来说尤其难。我们是幸运的，对于这个时代的年轻人来说，处在一个行业蓬勃发展的时期，跟着行业一起成长起来的感觉特别好。

杨蒙恩 → 对于单口来说没有所谓新人红利期，演员越成熟越好，对于节目来说才有。你在线下攒了好几年的段子作为新人一股脑全演出来，会让观众马上记住你。怎样度过？就是好好享受，因为这段时间也不长。

House → 太爽了。我是有的。这个红利期很脆弱，它比较危险的地方就是会把自我肯定绑定在节目的表现上，一旦没表现好就容易陷入严重的认知危机里面。没什么可靠的办法，也许坚持创作并且永不止步是唯一可行的办法。

张骏 → 我觉得此时观众会更喜欢我，我不需要再让观众重新认识我了，这是一件好事，我可以开门见山地聊自己喜欢的东西。但处在这个时期，一定要冷静，自己好好看看段子到底怎么样，不能停滞不前。

脱口秀在你生活中的占比大概是多少？这个浓度对你来说是舒服的吗？

豆豆 → 5%到50%之间，舒服是因为我可以调控。

何广智 → 70%吧，现在比较舒服。生活幸福的话可以减少，但不能少于50%。再多也不能超过70%。脱口秀是我抵御苦难的铠甲。

小北 → 虽然我不知道具体是多少，但不希望是100%，我希望我有自己的生活。目前为止还可以，是舒适的状态。

颜怡颜悦 → 占了65%左右的比重了，有点不舒服，希望未来能多一点别的东西，比如舞台剧、电视剧、电影、小说。

杨蒙恩 → 从时间和空间来说占到了我生活的70%，已经让我不舒服了。

赵晓卉 → 50%，还可以。

House → 视工作内容和节目压力徘徊在25%—85%不等（以醒来的时间为100%计），我发现在40%的时候比较舒服，敏锐度比较高，太高了会十分疲惫。最近一度跌到过5%，自己是个大废物的感觉扑面而来。可能是因为脱口秀演员工作时间一般都在深夜，缺乏日照，所以更容易陷入情绪低谷吧。

张骏 → 60%吧，和我身体里水分百分比一样，所以我觉得很舒服。

邱瑞 → 趋近于100%了，工作也是在积累素材。我觉得很幸福，我以做脱口秀演员为荣！

鸟鸟 → 90%。舒服。

附录

——— 脱口秀不是 TALK SHOW

《今晚 80 后脱口秀》，东方卫视于 2012 年推出的一档节目。

——— 程璐：你不能假装房间里没有一只大象

鲁本·保罗（Ruben Paul），美国海地裔单口喜剧演员、影视剧演员、作家。

罗素·彼得斯（Russell Dominic Peters），加拿大单口喜剧演员、影视剧演员、制作人。

罗伯特·麦基（Robert McKee），作家、演说家、创意写作指导者，著有《故事》。

大山，本名马克·亨利·罗斯韦尔（Mark Henry Rowswell），加拿大籍学者、主持人、相声演员。曾师从相声演员丁广泉。

郝雨，哈尔滨人，说唱作品《大学自习室》曾风靡一时。

周托尼（Tony Chou），双语单口喜剧演员和主持人。和爱尔兰喜剧演员毕瀚生联合创建了中文单口喜剧俱乐部"幽默小区"。

乔治·卡林（George Denis Patrick Carlin，1937—2008），美国单口喜剧演员、影视剧演员、作家、社会评论家，以黑色喜剧和对政治的思考著称。

——— 王建国：世界上另一杯最凉最凉的凉啤酒

六里庄人民广播电台，2006 年东东枪自制的广播节目。

胡淑芬，导演、作家，在网络上创作无厘头短片。

猫少爷，恶搞短片《中国队勇夺世界杯》主创。

小蔡（蔡春猪），原名蔡朝晖，影视剧编剧。曾为时事脱口秀《东方夜谭》策划兼副主持。

《东方夜谭》，内地首档脱口秀节目，于 2003 年 10 月在东方卫视首播，刘仪伟担任主持人，2006 年 8 月节目停播。

周云鹏，原名周滨，东北二人转演员、影视剧演员，师从赵本山。2016 年 10 月参加东方卫视《笑傲江湖第三季》总决赛获得季军。

田娃，又名田逗，东北二人转演员、影视剧演员，师从赵本山。

《火炬手》，赵本山、宋丹丹、刘流于 2008 年春晚上表演的小品，由徐正超创作，高大宽导演。

《扒马褂》，传统相声名段，根据《笑林广记》中的《圆谎》改编，一般为三人共同演出的群口相声。

痞子蔡，本名蔡智恒，台湾网络小说作家，1998 年在 BBS 连载《第一次的亲密接触》。

王玥波，相声、评书、联珠快书演员。德云社创始成员，郭德纲早期相声搭档之一。

——— 庞博：所有的事都是对的

谷大白话，译者，运营有同名社交媒体账号。

囧司徒，本名乔纳森·斯图亚特·莱博维茨（Jonathan Stuart Leibowitz），艺名乔恩·斯图尔特（Jon Stewart），美国单口喜剧演员、主持人、影视剧演员、作家、媒体评论员及政治讽刺剧作。自1999年起主持喜剧中心电视台新闻讽刺节目《每日秀》（The Daily Show），直到2015年9月离开。

《拜年》，赵本山、高秀敏、范伟于1998年春晚表演的小品，由张惠中导演，何庆魁、张庆东编剧。

李文华（1927—2009），中国相声第六代演员、小品演员，同姜昆多次合作，多扮演捧哏，师从马三立。

姜昆，中国相声第八代演员、主持人，师从马季。

——————呼兰：就该这么幸运

老四，短视频创作者，以账号"老四的快乐生活"活跃在国内各大短视频媒体上。

田连元，评书表演艺术家。

——————周奇墨：大声说出无力感

石老板，本名石介甫，单口喜剧演员，单立人喜剧创始人。

宋飞（Jerry Seinfeld），美国单口喜剧演员、影视剧演员、作家、制片人。因创作并出演情景喜剧《宋飞》（Seinfeld）而家喻户晓。擅长观察式喜剧。

《老子最后跟你说一次》（I'm Telling You for the Last Time），宋飞的单口喜剧专场。于1998年8月9日在纽约市的布罗德赫斯特剧院上演并通过HBO直播。

路易·C.K.（Louis Székely），美国单口喜剧演员、编剧、影视剧演员、电影制作人和导演。

——————阎鹤祥：相声的罪，脱口秀可以少遭

阎鹤祥，本名阎鑫，德云社相声演员，师从郭德纲。

天桥，指北京市宣武区永定门内大街中段附近地区，在清朝和民国年间曾是北京最大的市井娱乐中心。有许多民间艺人聚集此处，其中最著名的是八位民间曲艺表演艺人，被并称为"天桥八怪"。

大兵黄，本名黄才贵（后改名黄德胜），字治安。活跃于20世纪30年代，被列入天桥八大怪，当兵出身，所以得绰号"大兵黄"。

《报菜名》，一段贯口相声，20世纪20年代由相声演员李德钖所编。

《托妻献子》，传统对口相声节目。

侯宝林（1917—1993），中国相声第六代演员，师从朱阔泉。1940年起，与郭启儒搭档合演对口相声。1979年退出艺术舞台，专事曲艺理论研究，与其他曲艺工作者合著了《曲艺概论》《相声艺术论集》《相声溯源》等。

马季（1934—2006），原名马树槐，中国相声第七代演员，师从侯宝林。

李伯清，四川成都人，自创"散打评书"表演形式，川渝地区著名笑星。

魏三，本名魏武才，东北二人转演员，师从潘长江。

孙小宝，又名孙传宝，东北二人转演员、笑星。

三番四抖，"三番"指的是装"包袱"，"四抖"指的是抖"包袱"。"三番"是个约数，铺垫可多可少，以"铺平垫稳"为限，"四抖"接"三番"之后，必须让观众出乎意料，必须引发观众的笑声。

少马爷，即马志明，中国相声第六代演员，相声大师马三立的长子。

马三立（1914—2003），原名马桂福，中国相声第五代演员，师从周德山。擅演"贯口"和文哏段子，如《开粥厂》《夸住宅》《地理图》《吃元宵》《文章会》等。

刘宝瑞（1915—1968），中国相声第六代演员。十三岁时拜师张寿臣，1940年在北京启明茶社相声大会演出后收获声誉，以单口相声表演著称。代表作品有《官场斗》《珍珠翡翠白玉汤》《连升三级》《解学士》《斗法》等。

——————快问快答

《路易不容易》（Louie），美国情景喜剧，由美国单口喜剧演员路易·C.K.自编自导自演，于2010年6月29日在美国付费频道FX首播，共五季。剧中的路易是一名生活在纽约的喜剧演员，刚离婚，要抚养两个女儿。《路易不容易》以不连贯的故事情节展现路易的生活，还会插入单口喜剧表演，是一部非典型的喜剧剧集。

《办公室》（The Office），美国情景喜剧，改编自英国同名剧集，于2005年3月24日在美国全国广播公司（NBC）首播，共九季。《办公室》用伪纪录片的形式，记述一间虚构纸业分公司里职员的日常办公室生活。

采访间隙的工作餐
从左至右：李诞、贾行家、东东枪、罗丹妮、呼兰

單讀

在宽阔的世界，做一个不狭隘的人

新浪微博：@单读
豆瓣：单读　　b站：單讀
各应用市场搜索"单读"，下载APP
扫码关注 单读 微信公众号

图书在版编目（ＣＩＰ）数据

单读 PLUS. 喜剧的秘密：从脱口秀说起 / 贾行家，东东枪特约主编.
—— 上海：上海文艺出版社，2022（2022.8 重印）
ISBN 978-7-5321-8240-4

Ⅰ.①单… Ⅱ.①贾…②东… Ⅲ.①社会科学—文集
②文娱活动—电视节目—介绍—中国 Ⅳ.① C53 ② G222.3

中国版本图书馆 CIP 数据核字 (2022) 第 089118 号

主　编：吴琦
特约主编：贾行家　东东枪

发 行 人：毕　胜
责任编辑：肖海鸥
特约编辑：张　迪　何珊珊　罗丹妮
书籍设计：李政垿
内文制作：李政垿
图片摄影：文森特
营销编辑：高蒙蒙

《单读》荣誉出版人

Paradox　昕骐　吴凡　Shining　朱佳颖
沈欣华　Amelia陈颖　陈真　nobinobi
陈硕　桃二　Yujie　段雪曦

书　名：单读 PLUS. 喜剧的秘密：从脱口秀说起
主　编：吴琦
特约主编：贾行家　东东枪
出　版：上海世纪出版集团 上海文艺出版社
地　址：上海市闵行区号景路 159 弄 A 座 2 楼　201101
发　行：上海文艺出版社发行中心
　　　　上海市闵行区号景路 159 弄 A 座 2 楼 206 室　201101
　　　　www.ewen.co
印　刷：山东临沂新华印刷物流集团有限责任公司
开　本：787×1092 1/16
印　张：14.25
字　数：169 千字
印　次：2022 年 7 月第 1 版 2022 年 8 月第 2 次印刷
ISBN：978-7-5321-8240-4/G.344
定　价：88.00 元

告读者：如发现本书有质量问题请与印刷厂质量科联系。

●●●●◐○